MEL GILL

LE MÉTASECRET[MC]

Traduit de l'anglais par Marie-José Thériault

Le jour

Une compagnie de Quebecor Média

Infographie: Luisa da Silva

Catalogage avant publication de Bibliothèque et Archives nationales du Québec et Bibliothèque et Archives Canada

Gill, Mel

Le métasecret
Traduction de: The meta secret.
Comprend des réf. bibliogr.

ISBN 978-2-89044-797-4

1. Succès - Aspect psychologique. I. Titre.

BF637.S8G54214 2010 158.1 C2010-941536-1

Gouvernement du Québec – Programme de crédit d'impôt pour l'édition de livres – Gestion SODEC – www.sodec.gouv.qc.ca

L'Éditeur bénéficie du soutien de la Société de développement des entreprises culturelles du Québec pour son programme d'édition.

Le Conseil des Arts du Canada
The Canada Council for the Arts

Nous remercions le Conseil des Arts du Canada de l'aide accordée à notre programme de publication.

Nous remercions le gouvernement du Canada de son soutien financier pour nos activités de traduction dans le cadre du Programme national de traduction pour l'édition du livre.

Nous reconnaissons l'aide financière du gouvernement du Canada par l'entremise du Fonds du livre du Canada pour nos activités d'édition.

07-10

L'ouvrage original a été publié
par Pandora Publishing House,
succursale de DMG Capital Corporation,
sous le titre *The Meta Secret*[MD]

Dépôt légal: 2010
Bibliothèque et Archives nationales du Québec

ISBN 978-2-89044-797-4

DISTRIBUTEURS EXCLUSIFS:

Pour le Canada et les États-Unis:
MESSAGERIES ADP*
2315, rue de la Province
Longueuil, Québec J4G 1G4
Téléphone: 450 640-1237
Télécopieur: 450 674-6237
Internet: www.messageries-adp.com
* filiale du Groupe Sogides inc.,
filiale du Groupe Livre Quebecor Media inc.

Pour la France et les autres pays:
INTERFORUM editis
Immeuble Paryseine, 3, Allée de la Seine
94854 Ivry CEDEX
Téléphone: 33 (0) 1 49 59 11 56/91
Télécopieur: 33 (0) 1 49 59 11 33
Service commandes France Métropolitaine
Téléphone: 33 (0) 2 38 32 71 00
Télécopieur: 33 (0) 2 38 32 71 28
Internet: www.interforum.fr
Service commandes Export – DOM-TOM
Télécopieur: 33 (0) 2 38 32 78 86
Internet: www.interforum.fr
Courriel: cdes-export@interforum.fr

Pour la Suisse:
INTERFORUM editis SUISSE
Case postale 69 – CH 1701 Fribourg – Suisse
Téléphone: 41 (0) 26 460 80 60
Télécopieur: 41 (0) 26 460 80 68
Internet: www.interforumsuisse.ch
Courriel: office@interforumsuisse.ch
Distributeur: OLF S.A.
ZI. 3, Corminboeuf
Case postale 1061 – CH 1701 Fribourg – Suisse
Commandes:
Téléphone: 41 (0) 26 467 53 33
Télécopieur: 41 (0) 26 467 54 66
Internet: www.olf.ch
Courriel: information@olf.ch

Pour la Belgique et le Luxembourg:
INTERFORUM BENELUX S.A.
Fond Jean-Pâques, 6
B-1348 Louvain-La-Neuve
Téléphone: 32 (0) 10 42 03 20
Télécopieur: 32 (0) 10 41 20 24
Internet: www.interforum.be
Courriel: info@interforum.be

Table des matières

Je dédie ce livre
à cela qui en vous
sait que nous tous
hommes et femmes
sommes frères et sœurs
liés par nos rêves,
nos espoirs et nos désirs
et que peu importent nos réussites,
nos réalisations ou nos victoires
nous les laissons derrière nous au dernier jour
pour qu'elles servent de balises
à nos compagnons de route.

Remerciements

À mes enfants, Luc et Aurora. Ils sont ma raison d'être[1] et le vrai point de départ de tout ce que je suis devenu. Je vous aime tous les deux pour votre patience et parce que vous acceptez si souvent mes erreurs quand je m'efforce d'être pour vous un père « vraiment sympa » et de bonne compagnie.

À Bob Proctor, Joel Roberts, Jack Canfield, le Dr Joe Vitale, le Dr Masaru Emoto, Eli Davidson, Dave Ricklam, T. Harv Eker, Dan Poynter, Jay Abraham, Arthur Carmazzi, W. Mitchell et Greg Heart pour leur généreuse et aimable contribution à la sagesse collective de l'humanité.

À ma sœur Indra. Elle a été ma critique la plus patiente et la plus éclairante lors de la préparation de ce manuscrit. À Graham Smith et Doris Tan-Smith, dont l'amitié et les encouragements des quatorze dernières années m'ont nourri et parce qu'ils n'ont jamais cessé de croire en moi au cours des ans qui ont conduit au projet Méta. Quand tous m'avaient abandonné à mon sort, vous êtes restés à mes côtés et vous m'avez tout donné… Merci de m'avoir secoué et de m'avoir poussé à « entrer en moi-même » pour mener ce projet à bien.

À Teresa Hsu et Sharana Rano, les véritables vecteurs du MétaSecret, dont l'héritage est reflété dans tous les mots que j'écris et enseigne. À Alison, Lauren, Emma, Kayla et Richard Humphries, dont les commentaires assidus ont contribué à façonner les idées qui ont pris forme dans ce livre.

À Richard Elep, qui a tout fait « en coulisses », de l'interprétation à la trésorerie, en passant par le paiement des factures, le recrutement, la traduction et la restauration pendant le tournage du film *The Meta Secret*.

À Shiang Foo et Tiffany Lau, dont le grand art et les images mettent si bien en valeur tant le livre que le film. Shiang : sans toi, aucun de mes rêves n'aurait pu

1. En français dans le texte. NDT.

survivre aussi longtemps. Merci d'avoir été à mes côtés pendant tous ces « dégâts », que je les aie moi-même créés ou non.

À Nora, pour ton amour, ton appui, ton secours ; même quand tu étais fâchée contre moi tu m'as protégé des cruels desseins de certains individus… Je ne l'oublierai jamais. À Mme Chan pour ses traductions du japonais et pour avoir si souvent fait le taxi ou nourri mon « équipe » et moi-même. À Jenny pour avoir préservé ma santé en dactylographiant et en classant mes notes et mes scénarios. À Jin Fang pour ses encouragements d'il y a dix ans. Je n'en ai pas eu d'autres.

À Chris Lee, Eve et Yvonne. Vous souvenez-vous du jour où cette idée m'est venue ? Vous étiez là, et j'entends encore les paroles d'Eve. Elle est la vraie raison qui m'a amené un jour à décider que tout est possible. À Dilip Mukerjea, dont les commentaires et les précieuses suggestions m'ont aidé à mieux écrire. À Anitha et à Shan. C'est grâce à eux que le projet Méta est né il y a trois ans.

À tous ceux qui enseignent le MétaSecret et qui ne sont pas cités pas dans le présent ouvrage, mais à qui je suis infiniment redevable : le dalaï lama, Umesh Nandwani, Karl Moore, Christina Chia, Caroline Ajahn Brahm, Kaliswari, Debra Thompson, Matt Bacak, Ewen Chia, Fabian Lim, Judith Williamson, Swami Rukumani, Thubten Chodron, Vikas Malkani, Wendy Quek et William Quek. Et enfin, aux nombreuses personnes qui ont aplani mon parcours jusqu'ici : Karen Gerberg, Kaz Cai, Ellen Feinberg, Axel Chan, Devi Haridas, Douglas Yeager, Norma Jean Wright, Diana Chan, Ye Pan et les milliers d'étudiants qui sont aussi mes maîtres… merci à vous tous d'être vous !!!

Préface

En 2009, alors que j'étais invité à l'émission de télévision nationale américaine *Fox & Friends,* l'animateur me demanda sur quel sujet avaient porté mes études. Je dis que j'avais un doctorat en marketing et un en métaphysique.

« Qu'est-ce que la métaphysique ? », fit-il.

Je n'avais qu'une seconde pour réfléchir à la meilleure façon de répondre à cette question. Je savais que tout ce que je dirais ne réussirait qu'à le confondre. Les journalistes de la télévision travaillent avec des réalités concrètes, non pas avec des idées, des sentiments, une compréhension ésotérique de la vie, le pouvoir du mental, et ainsi de suite. Mais, par souci d'intégrité, je me devais quand même de lui dire exactement ce qui en était.

« C'est l'étude de l'invisible. »

Il me regarda fixement.

Il avoua n'avoir jamais entendu parler d'une chose pareille.

Évidemment. C'est le cas de la plupart des gens. Et cela explique pourquoi la vie est pour eux un perpétuel combat. Ils s'intéressent étroitement à la vie physique, et presque pas à la métaphysique. C'est pourtant là que résident le vrai pouvoir et la vraie magie. Plongez-y, et vous ferez de votre vie une suite de joies et de miracles. Heureusement, mon ami très cher, Mel Gill, a pour vous les outils dont vous aurez besoin pour entrer dans l'arène de la métaphysique et y évoluer. Vous les trouverez tous dans ce livre, qui est un prolongement de son film, *The Meta Secret.* Ces deux médiums ont été conçus pour vous permettre de pénétrer dans la vie plus profondément que vous ne l'auriez cru possible.

Mais, comme le journaliste ignorant du fait que l'on peut s'adonner à l'étude de l'invisible, la plupart des gens ignorent l'existence d'un MétaSecret. N'oubliez pas que (ainsi que l'a souligné Thoreau) la plupart des êtres humains sont en proie à un désespoir secret. Ils ne savent pas qu'il leur faut y entrer pour pouvoir s'en sortir, et que, pour surmonter leurs ennuis et leurs épreuves, ils doivent les traverser. Un guide facilite souvent ce parcours. Mel a été ce guide pour moi, et aussi pour de nombreuses autres personnes. Cet ouvrage est une extraordinaire trousse à outils, rempli du savoir dont vous avez besoin pour vivre selon de suprêmes concepts métaphysiques et pour que le rire, l'amour et la richesse vous comblent plus que vous n'auriez jamais pu l'imaginer !

Tout ce que vous souhaitez changer doit d'abord être transformé de l'intérieur. J'ai dit un jour lors d'une conférence que vouloir changer les circonstances extérieures équivaut à essayer de maquiller ou de raser son image dans la glace ! Ce n'est pas le miroir que vous devez nettoyer, c'est *vous*.

Ce livre admirable, né de la sagesse et du génie de mon ami Mel Gill, vous apprend à prendre soin de vous du dedans au dehors. Il est fonctionnel, apaisant, inspirant, et ses pages vibrent d'une sagesse mystique et pourtant concrète. L'histoire de Mel est passionnante. Elle vous rivera à ce livre. Les idées de Mel sont des trésors de sagesse que vous pouvez appliquer sur-le-champ. La sagesse cachée de l'Univers vous est donnée sous forme de livre pour la première fois depuis des siècles !

Dit plus justement, ce livre renferme le MétaSecret de l'Univers.

Êtes-vous prêts à percer le MétaSecret de votre vie ? Tournez la page…

Dr Joe Vitale

Métaphysicien

Avant-propos

Quand on m'a demandé de lire ce livre, j'ai reconnu son titre, le même que celui du film que mon ami Mel Gill a tourné l'an dernier avec Bob Proctor, Joe Vitale, Charlie « Tremendous » Jones, le Dr Masaru Emoto et moi, ainsi que plusieurs autres éminents pionniers dans le domaine de la croissance personnelle. Ce film étudie les métaconcepts relatifs à la loi de l'Attraction et à l'aptitude que chacun possède de se façonner une vie prospère et heureuse, remplie d'amour et de bien-être. Je me suis souvenu de nos conversations sur le balcon de l'hôtel, à Santa Barbara, et de la façon dont Mel nous avait fait le récit amusant et passionné de sa vie et du parcours qui l'avait amené à concevoir *Le MétaSecret.*

À cette époque, ce livre n'en était qu'à l'étape du concept, et son contenu devait inclure les lois « occultes » qui œuvrent de concert avec les lois de l'Attraction. Mel nous avait exposé les grandes lignes des sept principes d'Hermès Trismégiste, le « messager des dieux », et la manière d'appliquer ceux-ci à des événements et des situations précises de la vie de tous les jours. Il avait insisté sur la nécessité qu'il y a à rehausser notre niveau de conscience, à nous éveiller à nos potentialités supérieures et à notre nature véritable. Il avait ajouté que la vie n'était rien d'autre que la valse des forces et des émotions associées au plus souverain bien que notre amour et notre tendresse puissent exprimer. Notre conversation était centrée sur une idée charnière de Mel, à savoir que chacun doit assumer la responsabilité de ses états émotionnels et que notre bonheur ne procède pas des actions ou des paroles des autres, mais qu'il dépend entièrement de notre rapport à la « Source » et à la présence rayonnante qui répand en nous son énergie positive et tous les possibles. Ce rapport à l'énergie primordiale nous aide à dépasser nos limites et à franchir les obstacles qui se présentent, et il nous procure la liberté, le pouvoir, la bonté, l'amour, un but et une voie, afin que rien ne nous empêche d'aller où l'on doit aller et d'atteindre nos objectifs. C'est lors de ce parcours que nous est dévoilé le

« MétaSecret » de tout savoir indispensable, et notre vie déborde alors d'un incroyable sentiment de joie et de plaisir. En ce qui nous concerne, « tout est parfait. »

Les sept principes hermétiques sont encore plus difficiles à illustrer qu'à expliquer. Pourtant, Mel les simplifie et les détaille ici avec tant de finesse qu'on se demande pourquoi ils nous ont toujours paru incompréhensibles.

Ces principes sont les suivants : le principe d'Analogie, le principe du Mentalisme intégral, le principe de Polarité, le principe de Causalité, le principe de Genre, le principe de Vibration et le principe de Rythme. En s'associant de différentes façons et à des degrés divers, ils forment cette loi de l'Attraction dont nous faisons inévitablement l'expérience. La connaissance parfaite des principes décrits dans ces pages vous procurera un sentiment de calme et une paix d'esprit indélogeables, quels que soient les événements et les circonstances. Il n'est pas nécessaire de vous hausser à un niveau supérieur de conscience ni même d'être animé par la compassion et la foi pour comprendre que toute chose vous est accessible et que vous pouvez créer la vie à laquelle vous aspirez vraiment. Vous n'avez besoin que des outils et des principes rassemblés dans *Le MétaSecret* pour que s'ouvrent devant vous les portes du Temple de Salomon où sont enfermés des trésors immensurables de sagesse.

À travers les âges, de nombreux sages ont écrit sur les sept principes hermétiques dans des textes tels que *Le Kybalion* et *La Table d'émeraude*, mais il est heureux que, de nos jours, existe un homme tel Mel Gill, qui non seulement comprend ces principes, mais les transmet dans toutes ses interactions. Ce sage urbain dispense son enseignement dans le cadre de séminaires, d'ateliers et d'une émission de radio, et il l'a maintenant condensé dans le livre que vous tenez entre vos mains. Comme il vous le dirait lui-même, ce n'est pas un hasard si vous êtes en train de le lire. C'était écrit. C'est votre destinée.

L'aura de calme et de sérénité qui entoure Mel m'a inspiré dès notre première rencontre, et aujourd'hui j'ai le bonheur de le compter parmi mes amis les plus chers. Un merveilleux professeur m'a dit un jour que nous devons être un maître pour nos inférieurs, un compagnon de route pour nos égaux, et un étudiant pour nos supérieurs. J'ai eu le bon sens de devenir un étudiant de Mel et chaque fois que nous nous rencontrons j'apprends quelque chose !

Ce livre raconte l'histoire extraordinaire d'un jeune homme engagé dans un parcours initiatique et à qui l'adversité et la souffrance enseignent les vrais secrets de l'Univers. Depuis le malheureux accident de montagne qui lui a coûté un de ses bras, jusqu'au bloc opératoire où il a connu une expérience de mort imminente, il s'est donné un objectif unique avec courage et détermination : ne pas oublier les leçons qu'il a reçues de la Lumière et en faire profiter le reste de l'humanité.

Mel et moi avions un ami commun en la personne de Charlie « Tremendous » Jones, malheureusement emporté par un cancer pendant le tournage du film le MétaSecret. Je ne puis m'empêcher de penser que Charlie serait d'accord avec moi pour dire que ce livre est absolument *formidable* ! ! !

J'ose croire que cette lecture sera aussi bénéfique pour vous qu'elle l'a été pour moi !

À vous, de tout cœur.

Jack Canfield

Introduction

Par une nuit noire du 19 décembre 1976, mon univers a basculé. Cette nuit-là, je suis mort. J'ai été mort pendant 19 minutes et selon toute vraisemblance je ne devrais pas être en vie aujourd'hui. Je ne serais pas censé parler, encore moins marcher. J'ai survécu à une très mauvaise chute, et aussi à l'intervention chirurgicale subséquente au cours de laquelle on a amputé mon bras au-dessus du coude. L'amputation, m'a-t-on dit, avait été rendue nécessaire à cause de la gangrène gazeuse qui s'était répandue partout dans mon corps. J'ai littéralement senti mes organes cesser de fonctionner les uns après les autres, comme si quelqu'un éteignait les lumières dans la pièce où je me trouvais. Mes reins ont été les premiers à céder, ensuite mon foie, puis mon cœur, et enfin, mes poumons. À cet instant, je suis sorti de mon corps et j'ai fait un voyage dans un monde dont encore aujourd'hui je ne me souviens que par bribes.

Les enseignements que j'y ai reçus étaient profonds, et ce qui m'a paru durer des jours s'est produit en l'espace de 19 minutes à peine. Ces enseignements ont affleuré à ma conscience au fil des ans, mais déjà, à mon retour à la vie, j'étais doté de certains « dons » que seuls connaissent mes intimes. Avec le temps, je suis devenu conférencier spécialiste de la motivation et thérapeute.

J'ai animé ma propre émission de radio pendant sept ans. D'une durée de trois heures, elle était diffusée cinq jours par semaine. J'y dispensais la sagesse reçue au Royaume des Maîtres (je l'appelle ainsi en raison des nombreux Maîtres dont j'étais devenu le disciple). Tout ce temps, j'ai eu une vie tout à fait ordinaire – parti de Seattle je me suis installé à New York, et je possède maintenant une résidence à Chicago et des bureaux en Extrême-Orient – qui ne se démarquait pas de celle de ma famille ou de mes amis. Mais il y avait toujours une certaine distance entre eux et moi, et j'éprouvais un sentiment obsédant de perpétuel déracinement.

Je vivais chaque rencontre, chaque émotion comme si j'avais été quelqu'un d'autre. Mais en 1999, en Extrême-Orient, une extraordinaire consolidation s'est produite : il y a eu compression subite de toutes mes polarités… leur fusion. Plus de bien ni de mal, plus de haut ni de bas, de chaud ou de froid, de proche ou de lointain, de dedans ou de dehors, d'est ou d'ouest, de mâle ou de femelle, de triste ou de joyeux… plus de 500 polarités se sont comprimées et fondues. J'ai cessé d'être le « moi » que je connaissais, je suis devenu autre chose. Je ne distinguais plus l'ami de l'ennemi, seulement des frères et des sœurs, compagnons d'un même long parcours, guidés par une force impossible à identifier qui échappait à toute description, qui était au-delà des mots. Je me souvenais constamment de rouleaux, de tables, de livres « vivants » – je veux dire que les mots dans ces livres bougeaient et se transformaient quand je les tenais dans mes mains, et depuis lors, tout ce que j'ai connu n'a de cesse de se transformer et d'évoluer !

J'ai partagé avec d'autres ce que j'ai pu formuler à peu près clairement et j'ai gardé le reste pour moi. C'était plus sage de dire « Je ne sais pas » que de susciter les railleries. Je savais seulement qu'une force suprême m'ouvrait les portes d'un univers nouveau. C'était vrai ! Je n'avais qu'à me concentrer sur une idée précise pour que les choses ou les personnes dont j'avais besoin se matérialisent. Mais ce pouvoir échappait totalement à mon contrôle et il semait le chaos dans ma vie ! L'Univers ne faisait aucune différence entre « bien » et « mal » si je ne le lui demandais pas. Certes, je connaissais les principes de l'hypnose et de la reprogrammation du subconscient puisque je les avais enseignés, et que pendant plusieurs années j'avais été maître hypnotiseur. Mais maintenant, je faisais chaque jour l'expérience de ces manifestations aux moments les plus inattendus, bon gré mal gré. J'ai appris à dominer et à réguler le flot de mes pensées et de mes émotions, et je me suis mis à transmettre ce que j'avais appris. Ensuite, spontanément, je me suis souvenu du royaume, des vérités et des enseignements auxquels on m'avait exposé. « On » m'a demandé de produire un film et « on » m'en a donné le titre, *Le MétaSecret*. Par la suite, plusieurs individus, plusieurs facteurs et plusieurs forces que je ne nommerai pas ont tenté d'empêcher la production de ce film et l'écriture de ce livre.

J'ai frôlé la faillite, j'ai vécu un divorce extrêmement pénible, j'ai été séparé des deux bambins qui représentent tout pour moi, des amis m'ont trahi, j'ai dû affronter des puissances destructrices et j'ai été blessé dans mes émotions plus gravement que ne devraient l'être la plupart des gens.

Pourtant, malgré tout cela, « quelque chose » était toujours près de moi, me révélant lentement sa puissance. J'ai soudain compris que je n'étais pas seul. Mais cela, c'est une autre histoire et le sujet d'un autre livre. Quoi qu'en aient pensé les gens, j'étais certain de devoir aider tout le monde, peu importe qu'ils croient être mes amis ou mes ennemis. Je déversais autour de moi aux moments les plus inopportuns des torrents d'amour et de compassion, par exemple en pleine négociation d'affaires ou en plein litige contractuel. Je ressentais physiquement mon adversaire. Je voyais et j'éprouvais sa peur, son mal, ses besoins et même son avenir ! J'ai conçu une affiche pour décrire cette bouleversante émotion. En voici le texte : « NOUS NE SOMMES QU'UN : Si nous pouvions lire dans les pensées secrètes de nos ennemis, nous trouverions en chacun d'eux une souffrance et un chagrin si profonds qu'ils mettraient fin à toute hostilité. » C'est alors que le Méta-Secret m'a peu à peu été révélé. Tout est devenu clair. J'ai su qui j'étais, où j'étais et ce que je devais faire. J'ai commencé à me délester de mes habituels points de vue. Un nouvel horizon s'est déployé devant mes yeux, prodigue de possibles et de rires.

Première partie

Le mot Méta est un très beau mot. Un mot dont la signification échappe à la plupart des gens. Il désigne ce que l'on ne peut voir avec les yeux.

Il faut « voir » avec l'œil intérieur de la connaissance.

« Méta » signifie au-delà du physique.

Savez-vous que 99 pour cent de la population a été programmée pour permettre à ce qui est dehors de dominer ce qui est dedans ?

Pour que vos souhaits se réalisent, vous devez laisser ce qui est dedans dominer ce qui est dehors.

Voilà la signification du MétaSecret.

Bob Proctor

CHAPITRE 1

Le jour où le monde a basculé

« Heure du décès, 4 h 15 ! »

Je peux identifier avec précision le moment de ma vie où la Terre s'est arrêtée de tourner, comme si elle avait retenu son souffle pour voir comment j'accueillerais ma destinée. Je suis certain que, si on avait pu chronométrer cet instant, il n'aurait duré qu'une fraction de seconde. Pourtant, pendant cette fraction de seconde, un monde m'a été donné, évoquant les secrets d'un savoir au-delà du savoir.

Mon nom est Mel Gill, mais la plupart des gens m'appellent Mel, tout simplement. En ma qualité de psychothérapeute et de conférencier spécialiste de la motivation, je me déplace partout dans le monde pour parler de leur subconscient aux personnes qui sont venues m'entendre, ainsi que de la façon dont leur bonheur et, inévitablement, leur destinée, sont indissociablement liés à leurs pensées. C'est un boulot très agréable, mais, ainsi que j'ai commencé à vous le dire, je sais cela grâce à mon propre parcours, un parcours dû au hasard, un parcours accidentel dans le sens le plus littéral du terme.

On était en 1976 et j'avais 18 ans. Plus tôt dans la journée, quelqu'un m'avait donné un petit caillou plat sur lequel était gravé un symbole qui ressemblait à un « M ». C'était une rune, un caractère du système d'écriture des Vikings. Contrairement à nos contemporains, les peuples de l'Antiquité conféraient un immense pouvoir aux signes graphiques. Le mot « rune » signifie « secret murmuré ». Les runes, à l'origine au nombre de 24 et gravées sur de petites pierres, étaient pour les anciens des outils de divination. Pour prédire l'avenir, ils plaçaient les runes dans une pochette ou un petit contenant, les remuaient, puis en choisissaient une les yeux fermés. Quand ils prononçaient tout haut le nom d'une rune, ils invoquaient sa vibration pour que la pierre les « assiste » dans leur quête. Sans doute est-ce pour cette raison que j'avais sur moi ce petit caillou ; je cherchais ma voie et ma destinée.

On m'a dit que la rune que j'avais choisie et que j'emportais avec moi était « Ehwaz ». Selon certains, cette rune représente deux têtes de chevaux en vis-à-vis, naseaux contre naseaux, tandis que selon d'autres, elle figure un cavalier sur son cheval. C'est la rune du mouvement déterminé, du progrès, parfois aussi d'un parcours, mais pas forcément sur le plan physique. Ehwaz évoque un voyage spirituel. Tout comme un rapport étroit doit exister entre le cavalier et sa monture, un rapport étroit doit exister entre le corps et l'âme. Cette rune nous dit que, dans la vie, prendre soin du corps ne suffit pas si on néglige l'esprit et les émotions.

Puisque je fais partie de la première génération d'Indiens d'Asie nés aux États-Unis, la sagesse runique me rappelle un mythe hindou dont j'avais entendu parler il y a longtemps, celui du dieu Shiva et de sa seconde épouse, Parvati. Après l'assassinat de sa première épouse, Shiva avait perdu le goût de vivre.

Le rôle de Shiva est très important : il est à la fois le « destructeur » et le « protecteur ». Réputé pour son irascibilité, il fut néanmoins écorché vif par la perte de son grand amour. Comme beaucoup de créatures humaines blessées dans leurs émotions, il crut que la meilleure solution pour ne plus jamais souffrir était de se détacher complètement du monde matériel et de ses difficultés. C'est ainsi qu'il se retira au sommet d'une montagne pour y méditer. Après tout, fréquenter le plan éthérique, apprendre des Sages, voilà des occupations beaucoup plus amusantes et moins menaçantes sur le plan des émotions – du moins, le croyait-il !

L'ennui est que, dans son isolement, Shiva délaissa son rôle de protecteur terrestre. Puisqu'il n'était plus là pour veiller à l'équilibre du monde, tout se détraqua. Le soleil refusa de se lever, les moissons périrent et la menace du chaos se fit de plus en plus imminente. Par conséquent, les dieux conçurent le projet d'aider Shiva à retrouver sa joie de vivre. Ils créèrent une nouvelle déesse, Parvati, pour qu'elle devienne sa femme et l'incite à revenir sur Terre.

Ce fut assez difficile au début, mais elle persévéra. Finalement, à force de temps et de patience, elle convainquit Shiva de redescendre sur Terre et conclut un marché avec lui : il pourrait remonter là-haut de temps en temps et s'adonner à la méditation en compagnie des Sages, à la condition de redescendre ici-bas à intervalles réguliers pour passer quelque temps en sa compagnie !

Donc, si Shiva représente l'aspect mental et émotionnel de l'être humain, Parvati en est la représentation physique. Lorsqu'on se laisse complètement envahir par ses appétits et ses désirs mentaux ou physiques, on détruit la symétrie du monde, on déstabilise tout. Tout être humain doit aspirer à trouver un juste équilibre.

Ainsi, dans son essence, la rune Ehwaz m'encourageait à aller au-delà la matière, à entreprendre en mon âme une quête de sagesse et de savoir. J'ignorais cependant que des puissances souveraines étaient déjà à l'œuvre et mobilisaient les conjonctures qui me feraient m'engager dans la voie du destin qui m'était dévolu.

Bien que fort peu convaincu du pouvoir des runes, j'ai vu en Ehwaz un augure favorable. Elle symbolisait l'engagement dans un parcours de découverte, ce qui était précisément mon cas!

Je faisais partie d'une équipe de randonnée en haute montagne dans les jungles de Malaisie. Les ténèbres de la nuit s'étaient déjà refermées sur notre petit groupe, mais nous avions décidé de poursuivre notre marche encore un peu. Soudain, et de façon tout à fait inattendue, je perdis pied et dévalai une pente abrupte. Mon cœur battait à tout rompre tandis que j'agitais les bras désespérément en m'efforçant en vain de freiner ma chute. Un élan incontrôlable me poussait, me faisant rebondir comme une poupée de chiffon. Puis, dans un craquement terrible, j'atterris sur le sol pierreux d'une caverne profonde. Soudain, ce fut le noir total.

Quand je repris conscience, ma tête tournait. J'avais le vertige, j'avais la nausée, et chaque centimètre de mon corps m'infligeait une souffrance insoutenable. Je compris vite que mon bras avait subi de multiples fractures. Sans moyen de communication avec le monde extérieur et sans véhicule pour circuler dans cette végétation dense, nous n'avions d'autre choix que de poursuivre notre chemin. Au cours des 10 jours qu'il nous fallut pour sortir de la jungle et trouver un quelconque secours médical, la douleur atroce eut presque raison de moi. À notre arrivée à l'hôpital, j'étais déjà à demi-mort, en proie à une infection dévorante.

Le chirurgien dit à ma famille de se préparer au pire. Convaincu que je ne m'en tirerais pas, il dit vouloir néanmoins tenter de me sauver en amputant mon bras infecté.

Puis, tout à coup, c'est arrivé ! De fiévreux et assommé par les médicaments je devins parfaitement lucide. Je flottais au-dessus de mon corps, je me voyais étendu et je regardais le chirurgien sur le point de m'amputer. J'étais absolument conscient de tout, et doté d'une double perception. Une partie de moi sentait la lame de la scie qui tranchait dans ma chair en faisant vibrer l'os ; l'autre partie me regardait, étendu et incohérent sur la table d'opération. Jamais je n'avais connu de sensation aussi bizarre. Mon visage, ce visage dont je voyais depuis toujours le reflet dans la glace, m'était soudain à la fois étranger et familier. Mais le plus inquiétant de tout cela était sans doute ma curiosité empreinte de détachement !

Puis, mon esprit se morcela encore, se partageant en plusieurs fragments dont chacun saisissait en même temps chaque scène individuelle et tout l'ensemble. Pendant que je me voyais sur la table d'opération, j'apercevais également mes parents, mes frères et mes sœurs qui attendaient, bouleversés, dans une autre pièce, de même que plusieurs scènes qui se déroulaient ailleurs dans l'hôpital. J'entendais toutes les conversations simultanément et je les comprenais sans peine.

« Bon sang ! me dis-je. Qu'est-ce qui se passe ? » Avant même que j'aie eu le temps de trouver la réponse, une voix résonna dans le bloc opératoire :

« Heure du décès : 4 h 15. »

« Attendez ! » Je m'efforçais de crier pendant que mon esprit se concentrait sur l'infirmière en train d'inscrire l'heure de mon décès sur une planchette à pince recouverte de cellophane. Mais je n'arrivais pas à me faire entendre. Je ne formulais plus les mots comme auparavant, pourtant je lisais dans les pensées de tous. C'était insensé. J'existais, j'étais conscient, mais je n'avais aucune idée de qui j'étais.

Je n'ai pas eu le loisir de réfléchir plus longtemps, car la seconde d'après, j'ai été aspiré par un immense vortex, j'ai traversé le plafond et la toiture, et je me suis aussitôt retrouvé dans le ciel matinal. Le monde matériel qui m'était familier s'est estompé et ma perception spatiale du haut et du bas, du proche et du lointain s'est évanouie.

J'avançais dans un tunnel aux multiples nuances de blanc. Un être entouré d'une scintillante lumière violette, qui dégageait un amour et une bienveillance infinis, m'est apparu. Un bonheur et un bien-être absolus ont aussitôt envahi chacune de mes cellules tandis que je me souvenais brusquement de tout ce que ma vie avait eu de bon. Sans le secours des mots, je comprenais parfaitement cet être de lumière: il m'acceptait tel que j'étais, il acceptait tout ce que j'avais fait. Totalement! Et en même temps, j'avais l'impression que nous formions une seule entité. Il m'a enlacé, et un flot d'émotions m'a submergé. J'ai pleuré, pleuré encore et encore, parfaitement heureux et apaisé. Je ressentais une paix immense, une parfaite complétude. J'étais arrivé « chez moi ! ».

Ensuite, avant que je puisse réfléchir davantage à ce qui m'arrivait, il m'a doucement fait savoir au plus profond de mon être que mon heure n'était pas encore venue et qu'il me restait encore beaucoup de choses à accomplir ici-bas. Toujours prompt au marchandage, je l'ai supplié, comme un enfant qui veut continuer à s'amuser au parc, de me garder encore un peu. Il m'a adressé un sourire enjoué et sage qui m'a rappelé celui d'une statue du Bouddha que j'avais vue un jour, puis il a ri et il m'a accordé mon souhait. Il m'a laissé en compagnie d'un autre être de lumière qui m'a tout de suite fait comprendre que j'étais beaucoup aimé.

Elle m'a enveloppé de sa béatitude tandis que nous marchions le long d'un magnifique sentier fleuri. Nous communiquions sans le secours des mots, si bien qu'il m'est difficile de décrire ici la sagesse qu'elle m'a inculquée. Mais elle m'a fait savoir que le Ciel tout entier se réjouirait de mon retour ici-bas. Pendant ce qui m'a semblé durer plusieurs jours, elle m'a guidé dans des salles de cours et des amphithéâtres où j'ai reçu de très nombreux et merveilleux enseignements. J'ai eu l'impression que des heures, voire des jours entiers s'étaient écoulés. Pourtant, dans cette salle où mon corps était étendu, tout n'avait duré que quelques minutes.

À l'annonce de l'heure de ma mort, au moment même où j'étais aspiré hors du bloc opératoire, j'ai eu le temps de noter un détail : une sphère de lumière est entrée dans le chirurgien, le poussant à agir. Il mobilisa aussitôt son équipe en disant : « Essayons encore autre chose ! »

Saisissant une longue aiguille creuse, il me l'enfonça dans la cheville et me fit une transfusion sanguine. Puis, il fit des compressions thoraciques pour stimuler mon cœur qui avait cessé de battre.

Dans un « wououshhh ! » soudain, quelque chose me projeta à reculons dans un lieu exigu où je peinais à respirer. Théoriquement mort depuis plus de 15 minutes, je revins d'un seul coup à la vie !

J'avais fait un voyage qui transcendait le temps et l'espace, et qui n'avait pourtant été qu'un avant-goût. Je ne gardais qu'un très vague souvenir de ce qui s'était passé « de l'autre côté », mais tous les enseignements que j'avais reçus dans les amphithéâtres s'étaient estompés comme un beau rêve, beaucoup trop tôt, et je n'en gardais plus qu'une sensation intuitive. Pour retrouver cette même paix sur Terre, pour être imbu de la même sagesse, il me faudrait repartir de zéro comme un bébé qui apprend à parler. Mais je savais aussi que certains indices cachés sous la surface attendraient que je les découvre.

Inutile de dire que le fait d'avoir survécu à cet accident me fit voir la vie d'un tout autre œil. Certes, je m'étais bien douté que la vie humaine et l'Univers ne se limitaient pas à ce que j'en savais avant cette tragédie, mais maintenant j'en avais conscience au-delà du simple savoir. Non seulement l'avais-je vu de mes propres yeux, mais je le sentais dans toutes les fibres de mon être.

Lentement, à mesure que je redevenais sensible à ce qui m'entourait, je me suis aperçu que mon poing fermé serrait étroitement un objet qui pénétrait la chair de ma paume. J'ai levé la main qui me restait et vu qu'elle tenait encore la rune Ehwaz ! Quand je l'ai approchée de mes yeux pour examiner de plus près le petit caillou, celui-ci a basculé. Vu de côté, le caractère correspondait au sigma majuscule grec, symbole de l'énergie au repos, somme de tous les mystères. J'ai fermé les yeux en souriant. Si absurde que cela puisse sembler, je savais que c'était justement ce que je venais de vivre. Au moment où j'aurais dû faire le deuil de mon bras amputé, je recevais un trésor encore plus précieux, d'une valeur inestimable.

J'ai su plus tard que j'étais de ceux, toujours plus nombreux, qui avaient connu une expérience similaire. Je n'étais pas seul ! Ce phénomène de décorporation est pour certains consécutif à un accident ou à une maladie, comme dans mon cas, et spontané pour d'autres. Par ailleurs, certaines personnes ont atteint un degré de mysticisme tel, qu'ils ont accès à ce lieu privilégié. Enfin, beaucoup de gens n'ont jamais vécu une expérience similaire, mais se sont lancés dans la même quête spirituelle parce qu'ils devinent intuitivement l'existence de quelque chose de beaucoup plus vaste qu'ils doivent s'efforcer de comprendre.

Nul ne sait pourquoi ce mouvement vers la lumière gagne actuellement en force. Sans doute avons-nous atteint un moment de notre histoire où, collectivement, nous sommes prêts à faire un bond prodigieux en avant dans notre conscience sociale. Cela n'a rien de bien mystérieux en soi. Des Yuga hindous à l'Apocalypse de Jean dans la Bible chrétienne, de nombreux récits prophétiques de plusieurs cultures de l'humanité ont annoncé cette nouvelle ère. Les anciens Mayas ont parlé des différents âges du monde. Ils croyaient que la vie sur Terre obéit à des cycles récurrents de 5125 ans. La science actuelle a maintenant confirmé que la révolution elliptique de notre planète dans la Voie lactée correspond à cette durée. Lorsqu'elle parvient à la limite extrême de son ellipse, l'attraction magnétique terrestre diminue, créant une impression de coupure. Bien qu'ils en ignorent la cause, la plupart des gens ressentent les effets de cette coupure autant qu'ils sont sensibles aux rythmes biologiques associés à la durée du jour et de la nuit, ou à l'attraction de la lune sur les marées. Cela contribuerait aussi à expliquer la prolifération récente des conflits armés et des crises économiques, et même le réchauffement climatique. Mais surtout, quels que soient les progrès de la science ou le niveau d'évolution de notre espèce, nous dépendons toujours des lois de la nature et d'une puissance supérieure.

Quelles qu'en soient les raisons, il n'en demeure pas moins qu'un grand nombre d'individus cherchent à prendre leur vie en main, à trouver le vrai bonheur et la sérénité. Nous avons foncièrement besoin d'établir un rapport avec ce qui nous dépasse, ou tout au moins de savoir que nous ne sommes pas seuls à ressentir ce manque. Nous voulons comprendre le pourquoi et le comment de l'Univers. Cette quête a poussé des tas de gens à se tourner vers Internet, la télévision, la radio et les livres dans l'espoir d'y puiser un sens à leur existence et l'inspiration menant à un mode de vie plus fécond et plus souverain. Un de ces livres, que plusieurs lecteurs connaissent, est *Le Secret.*

Depuis sa publication en 2006, cet ouvrage a aidé des millions de gens à trouver en eux-mêmes une plus grande lucidité. Pour ceux qui ne le connaîtraient pas encore, ce grand succès de librairie repose sur les principes fondamentaux de la loi de l'Attraction. Mais la plupart des gens ignorent que la loi de l'Attraction ne représente qu'une loi de sept lois très anciennes. L'auteur, Rhonda Byrne, dit s'être inspirée d'un ouvrage intitulé *Comment devenir riche à craquer (The Science of Getting Rich)*, écrit il y a plus d'un siècle par Wallace Wattles. Ce livre avait été publié en 1910, soit deux ans à peine après la première version imprimée du *Kybalion,* ouvrage anonyme de trois maîtres de la philosophie hermétique qui signent « Trois initiés ». *Comment devenir riche à craquer* s'appuie sur la notion de pensée positive. On y lit qu'en substituant aux pensées négatives des pensées positives, nous nous conférons le pouvoir de transformer notre existence.

Cette notion s'est très vite répandue grâce à des inventions telles que le téléphone d'Alexander Graham Bell et le Model T de Henry Ford, qui prouvaient que des hommes ordinaires pouvaient devenir millionnaires par la seule force de leur volonté. Les gens désiraient avidement un système qui les aide à comprendre comment devenir riches eux aussi. Bientôt, le marché a été inondé par un flot de livres qui décrivaient certains principes mystiques ainsi que le mouvement religieux *New Thought* – ou Mouvement de la nouvelle pensée. La notion voulant que « la pensée façonne la réalité » était née. C'était tout à fait exaltant, car pour la première fois les gens, en tant que groupe social, comprenaient qu'il leur était possible de façonner leur propre avenir.

Si on les relie au rang privilégié que l'on donne aujourd'hui au consumérisme, les idées du Mouvement de la nouvelle pensée ont encore tout pour séduire. Par conséquent, quand la loi de l'Attraction a refait surface dans *Le Secret*, l'idée de recourir au mental pour obtenir ce que l'on désire est devenue très alléchante.

Cependant, si la loi de l'Attraction est tout à fait valable – et *efficace* – elle n'est que l'équivalent des hors-d'œuvre dans un festin. Oui, les hors-d'œuvre sont délicieux, mais ils ne constituent pas un vrai repas. Nous ne disons pas, après avoir nettoyé une assiette de hors-d'œuvre : « C'était bon, mais j'ai encore faim. » Nous savons que ça ne fait que commencer, qu'on nous servira encore plusieurs plats avant que nous ne soyons rassasiés.

En ma qualité de thérapeute, de conférencier et de passionné d'histoire qui a observé la nature humaine dans le monde entier, je suis déçu de constater que tant de gens ont mal compris la loi de l'Attraction : ils espèrent se rassasier avec des hors-d'œuvre. La loi de l'Attraction, c'est infiniment plus qu'une méthode pour s'enrichir rapidement, par exemple en visualisant une boîte aux lettres remplie de billets de banque pour les faire apparaître, ou en forçant par la pensée Brad Pitt ou Sandra Bullock à tomber amoureux de nous – bien que cette perspective ne soit pas du tout désagréable !

Pareil usage de la loi de l'Attraction me rappelle une scène du premier volet de la saga *Austin Powers*, où le docteur Denfer (docteur Terreur, au Québec) essaie de prendre la planète en otage contre une rançon de – UN MILLION DE DOLLARS ! Gêné, son second doit expliquer au super vilain qui ne comprend rien à l'argent et qui vient d'être décongelé après avoir été cryogénisé dans les années

1960, que les revenus annuels de leur propre entreprise sont de 9 milliards de dollars ! De même, recourir à la loi de l'Attraction pour obtenir des babioles telles une voiture neuve ou de jolies boucles d'oreilles, c'est faire peu de cas de son immense potentiel qui peut apporter, par exemple, la paix sur Terre et le bonheur.

Certains sceptiques m'ont dit : « Dr Mel, cette loi de l'Attraction, c'est de la foutaise. J'ai essayé, et ça n'a rien donné. Pourquoi insistez-vous pour promouvoir de telles conneries ? »

Je leur dis qu'ils ont sans doute raison si la loi de l'Attraction n'est pour eux qu'un hors-d'œuvre. Comme des milliers d'autres âmes bien intentionnées, ils ne voient pas cette loi dans une perspective plus vaste – c'est-à-dire qu'il y a plusieurs lois universelles, que celles-ci travaillent de concert, et qu'elles peuvent vraiment nous enrichir. Seulement, vouloir quelque chose et le demander n'est pas tout.

Faisons un petit test rapide qui illustrera ce que j'essaie de vous dire. Rappelez-vous un souvenir heureux. Ce peut être n'importe quoi de positif, n'importe quel détail qui vous a beaucoup fait plaisir. Visualisez cette scène comme si elle se déroulait sous vos yeux en ce moment même. Que ressentez-vous ? Mieux, pourquoi ressentez-vous cela ? Est-ce que des émotions agréables telles que l'amour, la tendresse ou l'humour y sont pour quelque chose ? La plupart d'entre vous n'avez sans doute pas choisi de raviver le souvenir de grosses sommes d'argent, de biens immobiliers de luxe, ou d'autres manifestations de la fortune. Si c'est le cas, pourquoi pas ? Il n'y a rien de mal à la richesse, et nous en reparlerons plus en détail à un autre moment. Ce que je veux dire, c'est qu'être heureux ne consiste pas seulement à obtenir des tas de « trucs ».

La véritable prospérité va au-delà de la simple accumulation de biens matériels, sans toutefois exclure ceux-ci. La prospérité, c'est la richesse intérieure, l'amour et la compassion que l'on ressent envers soi et les autres, un état serein et détendu, la joie de vivre et le bonheur profond. En d'autres termes, comme le dit la rune Ehwaz que j'ai tirée il y a si longtemps, c'est l'équilibre entre le mental et le matériel. Ça n'est guère compliqué ? En effet. Du moins, en apparence.

Joe Vitale, qui est conférencier de la motivation, dit que le fait de connaître la loi de l'Attraction équivaut à « avoir l'Univers pour catalogue. » Il a raison. Mais, pour plus être plus précis, c'est comme n'avoir qu'un accès limité à un site Internet commercial. Vous pouvez voir des tas d'articles tentants, fureter comme bon vous semble, mais tant que vous n'êtes pas membre à part entière, vous n'avez droit qu'à un nombre restreint d'achats.

Pour atteindre notre plein potentiel, nous devons percer le grand secret du fonctionnement de l'Univers. Ce secret surpasse tous les secrets. C'est le Méta-Secret, ou « l'idée qui va au-delà du secret ». Ainsi que je le disais plus tôt, la loi de l'Attraction n'est qu'un des sept principes de la philosophie hermétique. Ces principes s'entrecroisent et doivent absolument se concerter pour ordonner le chaos de l'Univers. Pour trouver un bonheur authentique et durable, nous devons comprendre et appliquer tous ces principes en même temps.

Demander ce que l'on veut ne représente qu'une partie de ce processus ; il faut prendre en considération toutes les autres lois et les appliquer à fond pour que les résultats soient conséquents. Si nous nous contentons de hors-d'œuvre, nous calmons temporairement notre appétit tout en nous refusant le plaisir et la satisfaction d'un repas complet.

Les lois de la philosophie hermétique ont ceci d'extraordinaire : elles sont constantes. Le monde a beau être en perpétuelle transformation, ces principes, eux, ne changent pas. Parce qu'ils sont ceux de l'Univers, ils font partie du tissu de toutes les cultures et de toutes les religions, ils s'appliquent universellement et sans préjugés à toute personne et à toute chose, sans égard à l'âge, à la race, au sexe, à l'appartenance religieuse ou à la situation financière.

On trouve un parfait exemple de l'action de ces forces supérieures sur la totalité des êtres et des choses dans une définition toute simple que donne James Ray dans *Le Secret* : « On ne peut ni la créer ni la détruire, elle a toujours été et elle sera toujours, tout ce qui a jamais existé existe à jamais, elle entre dans toute matière, traverse toute matière et se retire de toute matière. » Selon les scientifiques, cette définition se rapporterait à l'énergie, et selon les théologiens elle se rapporterait à Dieu. Peu importe. C'est une loi universelle !

Les principes hermétiques ont ceci de bon qu'il n'est pas nécessaire, pour y avoir accès, de méditer à longueur de journée, d'entrer au couvent, de se faire moine ou d'apprendre à jouer de la harpe dans les nuages – il suffit d'en saisir le fonctionnement. C'est un peu comme débroussailler le mode d'emploi d'un nouveau téléphone cellulaire. Je sais, je viens de violer outrageusement la confrérie des hommes en proférant pareil blasphème. Si vous prêtez attentivement l'oreille, vous entendrez un rugissement collectif. Un vrai homme n'a pas besoin d'un mode d'emploi ! Il sait quoi faire ! Mais n'avez-vous pas remarqué que si le livret d'instruction tombe et que, par hasard, il s'ouvre, et qu'un homme y jette un coup d'œil, il commence par hasard à comprendre que le cellulaire peut faire beaucoup plus que composer des numéros ? Qu'il sert à des tas de choses ? Par exemple, à écouter de la musique, à naviguer dans Internet, à donner des indications routières, à ouvrir la porte du garage, à réparer un pneu crevé, à arrêter le temps – j'exagère un peu… mais vous comprenez à peu près ce que je veux dire. Quand les instructions sont claires, il n'est plus nécessaire d'appuyer au petit bonheur sur mille et un boutons pour trouver ce que l'on cherche. Nos désirs sont immédiatement comblés. Il en va de même du MétaSecret. Obtenir ce que l'on veut est beaucoup plus simple quand on comprend le fonctionnement de la loi universelle.

Personne ne sait d'où proviennent les sept principes de l'hermétisme, mais la sagesse populaire en attribue la création à un certain Hermès Trismégiste, qui était philosophe et chef spirituel dans l'Égypte ancienne. Entre autres entrées de son curriculum vitæ, il serait l'inventeur de l'astrologie et de l'alchimie, ainsi qu'un contemporain et peut-être même un maître du patriarche Abraham. Quoi qu'il en soit, on le disait si sage qu'il fut très tôt comparé à Hermès, l'émissaire des dieux chez les Grecs, ou à Thot, le dieu égyptien du mysticisme. Autrement dit, il était la grande vedette rock de son temps.

La légende veut que, en plus de secouer l'Égypte ancienne par ses idées avant-gardistes, il ait transcrit son savoir sur une grande pierre verte connue sous le nom de « Table d'émeraude » ou *Tabula Smaragdina.* Ce « livre de recettes » renfermait sept préceptes devant servir à l'enseignement d'une sagesse et d'un savoir supérieurs par des états de conscience altérés. On dit que ces formules s'appliquaient simultanément aux réalités mentale, physique et spirituelle et donnaient lieu à une plus grande compréhension. Cela explique sans doute pourquoi on le dit « trismégiste », qualificatif qui signifie « trois fois très grand ». Ses disciples étaient persuadés que si un nombre suffisant d'individus parvenait à une nouvelle réalité, l'humanité évoluerait plus rapidement.

Une des citations les plus connues de la Table d'émeraude est : « Ce qui est en haut est comme ce qui est en bas. » Puisque l'information que renfermaient ces textes devait aider les hommes à trouver la guérison et l'équilibre, on croit qu'elle a été inscrite sur une pierre verte, couleur du quatrième chakra et symbole de guérison du cœur.

Que la population dans son ensemble puisse accéder à un savoir aussi « dangereux » ne plut certes pas à tout le monde. Il ne faut pas oublier que, jusqu'à tout récemment, la monarchie absolue était le système politique le plus répandu. Si le peuple s'était mis à penser par lui-même, il aurait été beaucoup moins facile de l'assujettir. C'est pourquoi la plupart des dirigeants n'eurent guère envie de voir circuler une table dont les écrits étaient susceptibles de remettre leur pouvoir en question. Risquer de laisser le petit peuple accéder à ce savoir était hors de question. Des prêtres de l'Égypte ancienne aux moines du Moyen Âge, les chefs religieux se débarrassèrent très vite de tous ceux qui osaient parler de la Table d'émeraude. Il leur suffit de les accuser d'hérésie ou de sorcellerie – des fautes dont le châtiment était la pendaison ou la décapitation.

Plutôt attachés à leur tête, les hermétistes conçurent un plan de défense. Ils jurèrent d'étudier les principes de la Table d'émeraude en secret. Ils s'appliquèrent par conséquent à mémoriser l'information qu'elle renfermait, ou encore à la dissimuler, en la codifiant, dans des poèmes, des toiles ou d'autres œuvres d'art. Bien entendu, nul n'avait accès à ces secrets jalousement gardés sans d'abord être soumis à des rites d'initiation et de purification. Le mutisme des hermétistes était tel qu'il a donné lieu à l'expression « scellé hermétiquement » pour désigner ce qui est hautement sécurisé.

La Table d'émeraude a été vue pour la dernière fois en Égypte à l'époque d'Alexandre le Grand, quand elle a été traduite en grec et exposée en public. Le conquérant étant un adepte de la philosophie hermétique, celle-ci a brièvement été à la portée de tous, en plus de s'intégrer aux enseignements du judaïsme et du gnosticisme alexandrin (une branche du christianisme). La Table d'émeraude a disparu environ un siècle plus tard. Selon la légende, ses gardiens l'auraient enterrée pour la protéger des zélotes qui pillaient et incendiaient de nombreux et importants lieux de transmission du savoir.

La disparition de la Table n'a cependant pas suffi à détruire les principes hermétiques, car la loi universelle est omniprésente ; elle existe de toute façon, peu importe qu'on la consigne ou non par écrit. Les gardiens de la sagesse se sont simplement réfugiés dans la clandestinité. Au fil du temps, plusieurs sociétés secrètes telles que l'Ordre des Templiers et la franc-maçonnerie sont issus des traditions orales de l'hermétisme : le Kybalion. Le Kybalion désigne l'ensemble des axiomes, principes et anecdotes de l'ancien hermétisme, transmis de génération en génération. L'un de ces axiomes dit que « Sous les pas du Maître, les oreilles qui sont prêtes à comprendre sa doctrine s'ouvrent toutes grandes », et un autre que « Les lèvres de la sagesse sont closes, excepté aux oreilles de la Raison ».

Ces sociétés secrètes n'ignoraient pas que, si l'idéal était pour elles de transmettre leur savoir à tous, la peur joue un très grand rôle dans ce que les gens sont prêts à admettre et à apprendre. Devant une menace perçue, la réaction instinctive est non pas l'accueil et l'ouverture d'esprit, mais l'attaque ou la fuite. Les hermétistes savaient qu'on ne peut imposer la sagesse, mais ils savaient aussi que les lois universelles transmettent les principes hermétiques à tout être disposé à les recevoir. Nous pouvons donc en conclure que, puisque vous lisez ce livre, vous êtes prêt. Parce que vous êtes disposé à apprendre, le MétaSecret vous sera révélé. Vous rejoindrez par le fait même les rangs des célèbres hermétistes que furent Roger Bacon, Isaac newton et Carl Jung.

Or, en quoi consiste exactement le MétaSecret et comment fonctionne-t-il ? Le MétaSecret n'est ni une méthode unique, ni un système. C'est un amalgame de lois universelles, d'instruments et de méthodologies. Durant les brefs instants où j'étais dans « l'au-delà », j'ai pris conscience de la vastitude d'un univers qui défie toute compréhension humaine. Si l'essentiel de ce que j'ai appris s'est enfoncé au plus profond de mon subconscient à mon retour ici, certains détails me sont restés en mémoire, et je ne les oublierai jamais. En me fondant sur ces quelques indices, j'ai entrepris la quête de toute une vie dans le but d'exhumer une fois de plus ces précieux enseignements et de vraiment comprendre pourquoi la vie sur Terre est ce qu'elle est.

Les réponses se cachent partout autour de nous. Elles ne se dévoileront qu'à ceux qui auront compris ceci : la sagesse universelle ne se transmet que dans un silence où est audible le message de la Terre et lorsqu'on se déleste de son petit moi pour laisser resplendir sa nature véritable.

Ainsi que vous le verrez plus en détail dans les chapitres suivants, le Méta-Secret lève le voile sur les vérités occultes de l'Univers et sur tout le pouvoir qu'elles renferment. Voici donc le récit de ma quête et de ma découverte du MétaSecret…

Chapitre 2

Tout est possible

Peu après mon accident, une fois guéri, j'ai repris mon parcours, mais je ne me débattais plus pour trouver un sens à ma vie, j'avais une mission ! J'étais conscient, dans mon for intérieur, du merveilleux savoir qui m'avait été transmis dans l'au-delà. On aurait dit que j'avais sur le bout de la langue toutes les réponses du pourquoi et du comment de l'univers sans pour autant être capable de les formuler. Posséder un tel savoir sans être en mesure d'y accéder était suprêmement agaçant. Cette énergie passionnée m'a poussé à débusquer et à cristalliser les réponses que je cherchais en une masse d'information que je pourrais utiliser moi-même et partager avec d'autres de ce côté-ci pour adoucir notre existence. J'ai donc entrepris de donner à cette information le nom de MétaSecret, car elle représente effectivement un secret au-delà de tous les secrets, un secret révélé un jour, puis à nouveau occulté, et enfin compris en profondeur, mais seulement lorsqu'on le redécouvre par le vécu. J'ai en effet pu constater que beaucoup de gens qui ont lu sur ce sujet et l'ont étudié n'en saisissent toujours pas le fonctionnement, si bien qu'il demeure secret !

C'était bien la leçon que j'avais apprise de l'autre côté – ce qui nous vient tout naturellement là-bas doit, de ce côté-ci, être maîtrisé et vécu pour qu'on le comprenne. Connaître intellectuellement un sujet, c'est une chose ; appliquer ce savoir avec le cœur en est une autre. Voilà pourquoi, pour trouver le MétaSecret, j'ai fouillé toutes les grandes bibliothèques du monde, visité des pays exotiques et interviewé les spécialistes les plus renommés.

Quelque chose, j'ignore quoi, me répétait de me fier à mon intuition, de la laisser me guider : l'information que je cherchais viendrait à moi d'elle-même. J'ignorais à ce moment que c'est précisément ce que fait la loi de l'Attraction – une loi universelle toute simple voulant que ce qui se ressemble, s'assemble. Autrement dit, le positif attire le positif, le négatif attire le négatif.

J'ai reçu un premier indice il y a plusieurs années, lors de mon premier contact avec les principes de la philosophie hermétique. Je devinais leur importance, mais il m'a fallu un certain temps pour prendre conscience de leur sens profond. Je l'ai déjà dit : il est bon de savoir intellectuellement quelque chose, mais l'expérience est souvent le meilleur des maîtres.

Avant de partager cette information avec vous, j'aimerais être parfaitement sincère : *Le MétaSecret* ne changera jamais rien à votre vie si vous vous contentez de le lire. Pour transformer votre existence, vous devrez intérioriser l'information contenue dans ces pages, l'assimiler et la mettre en pratique. Pour la plupart des gens, ce processus ne sera pas instantané ; sachez-le. Il faudra y mettre le temps et effectuer beaucoup de changements mineurs. Les plus grands violonistes ne deviennent pas des virtuoses du jour au lendemain ; les joueurs de baseball professionnels n'ont de cesse de se perfectionner ; les chirurgiens étudient et s'entraînent pendant des années avant de pouvoir opérer un patient ; et il en sera de même pour vous. Vous devez savoir qu'il n'y a pas de solution miracle. Mais si vous le méritez – et je crois que vous le méritez – votre apprentissage en vaudra la peine. Vous vous lancez dans une aventure passionnante, et je suis honoré d'être votre compagnon de route.

Avez-vous déjà fait un rêve si frappant que la frontière entre rêve et réalité était impossible à discerner ? Un rêve où, même si vous ne connaissiez aucun de ses protagonistes, ceux-ci vous étaient tous très familiers ? Un tel rêve se rapproche du principe du Mentalisme, le premier des sept principes hermétiques. Il dit ceci : « Le Tout est Esprit ; l'Univers est mental. » Si cela semble a priori un peu cinglé, n'oubliez pas que les anciens hermétistes tenaient à passer pour fous pour le cas où ils seraient découverts ! Feindre d'être un inoffensif malade mental était préférable à se voir condamné à l'échafaud pour hérésie !

Nos rêves sont exemplaires de cette loi : lorsque nous rêvons, nous ressemblons au « Tout ». Nous créons des univers complexes avec leurs paysages, leurs édifices, leurs gens et tout ce qu'on peut imaginer. Dans nos rêves, ces univers semblent parfaitement concrets et indépendants de nous, pourtant c'est nous qui les avons inventés. Ils ne sont donc, en principe, que d'autres versions de nous-mêmes. Par conséquent, si le rêve est une analogie, il fait aussi partie d'un concept plus vaste où, à l'état de veille, nos pensées contribuent à la création de notre réalité.

Nous avons chaque jour des preuves de cela. Quiconque a une idée précise et la met ensuite à exécution crée sa propre réalité. Bill Gates en est un merveilleux exemple. Dans les années 1970, à Harvard, Bill Gates et Paul Allen ont développé un des premiers langages de programmation informatique. En cours de route, Bill Gates s'est persuadé que chaque domicile et chaque entreprise devrait posséder son propre ordinateur, et il s'est mis dans la tête de concrétiser cette idée. Dès ses premières années d'études à l'université, il a rassemblé assez d'information et de ressources pour réaliser son rêve. Puis, il a abandonné ses études et fondé Microsoft. Inutile de dire qu'il a atteint son but : dans les pays développés, la presque totalité des gens ont un jour ou l'autre utilisé un ou plusieurs de ses produits.

Le principe du Mentalisme a fonctionné pour Bill Gates, mais seulement parce que, consciemment ou à son insu, il a fait appel en même temps aux autres lois universelles. Il ne s'est pas contenté de dire : « J'espère qu'un jour les gens et les entreprises trouveront le moyen de se procurer des ordinateurs personnels » et de ne plus y penser. Il a franchi les autres étapes nécessaires à la matérialisation de ses idées.

Transposons cela dans notre propre vie. Combien êtes-vous à avoir réalisé de grandes choses parce que vous n'aviez pas confiance en vous et que vous étiez sûr de ne pas pouvoir réaliser vos rêves ? Vous n'êtes sans doute pas nombreux. Tout ce que nous accomplissons ou n'accomplissons pas est dû au Mentalisme. Si vous êtes certain de pouvoir monter à bicyclette, vous le ferez. Si vous êtes certain de réussir un examen, vous le réussirez. Si vous êtes certain de pouvoir faire un gâteau, vous le ferez. Quand nous sommes certains qu'une chose est vraie ou qu'elle est fausse, tous nos actes matérialisent cette certitude.

Quand nous disons à nos enfants : « Vous pouvez devenir tout ce que vous voulez », c'est absolument vrai. Quand nous affirmons que tout est possible, c'est également vrai. Le cerveau est toujours en train de créer et il a accès à toutes les idées. Par conséquent, il suffit qu'une idée existe pour être matérialisable – peut-être pas aujourd'hui ou demain, mais un jour, quelque part, quelqu'un s'en emparera et la concrétisera. Dans les années 1960, les personnages de l'émission de télévision *Star Trek* entreposaient des données, recherchaient de l'information et communiquaient entre eux à l'aide d'un *tricorder*. À cette époque, ces appareils multimédias appartenaient à la magie de la fiction, mais aujourd'hui, ils ont un nom : Blackberry, Androïd et compagnie !

Hermès a fait appel au raisonnement déductif pour élaborer le principe du Mentalisme : il a déduit que la seule chose qui ne change pas est le changement. L'Univers, le tout, est en perpétuelle transformation, car il doit créer pour exister. Ainsi, puisque nous faisons tous partie de l'Univers, nous nous transformons par la création. L'outil dont nous nous servons pour créer le changement est le cerveau. Nos pensées créent nos réalités.

Ce n'est pas parfaitement clair ? Ne vous en faites pas. Ce principe était jugé si important par les auteurs du *Kybalion* qu'ils lui ont consacré les quatre premiers chapitres de leur livre, se contentant d'un seul chapitre pour chacune des autres lois. Il faut d'abord saisir ce principe pour pouvoir saisir les autres. Mais bien qu'il soit un peu obscur, le principe du Mentalisme ne vous échappe sûrement pas complètement pour la simple raison qu'il est omniprésent dans l'histoire et dans la culture populaire.

Vous souvenez-vous de la chanson des années 1980, *We Are the World*? Plusieurs artistes américains s'étaient alors regroupés et avaient recueilli des fonds pour venir en aide à l'Afrique grâce à cette chanson. Le refrain dit : *We are the world / We are the children / We are the ones who make a brighter day…* (Nous sommes le monde / Nous sommes les enfants / Nous sommes ceux-là qui créeront un jour plus beau…) Le message de la chanson thème du classique pour enfants de Disney, *Le Roi Lion*, est similaire : *It's the Circle of Life / And it moves us all / Through despair and hope / Through faith and love…* (C'est le cercle de la vie / il nous entraîne tous / Dans la désespérance et dans l'espoir / Dans la confiance et dans l'amour…). Ces deux chansons nous rappellent que nous appartenons tous à la même énergie, une énergie que nous créons nous-mêmes par nos pensées et par nos actes.

Ainsi, la première partie du principe du Mentalisme nous apprend que nous sommes tous liés les uns aux autres. C'est un thème auquel nous pouvons nous identifier. Dans sa déclaration d'investiture, le président des États-Unis, Barack Obama, n'a-t-il pas dit : *We are one* (Nous ne faisons qu'un) ? Ce sentiment d'unité était palpable chez les Américains suite aux attentats du 11 septembre sur le World Trade Center et le Pentagone. D'autres populations ont ressenti la même solidarité après le séisme qui a secoué la province du Séchouan, le tsunami qui a dévasté l'Indonésie, ou la tragédie de Chernobyl, pour n'en nommer que quelques-uns. Dans ces circonstances tragiques, nous sommes beaucoup moins sur nos gardes et nous voyons les autres tels qu'ils sont. Quel que soit son âge, l'homme ou la femme que nous regardons a les traits d'un enfant vulnérable. Nous enlaçons de parfaits étrangers en leur donnant de petites tapes dans le dos, tout simplement pour établir un contact. Nous savons que très peu de caractéristiques nous distinguent les uns des autres. Au fin fond de notre être, nous sommes pareils. Nous respirons le même air, nous avons besoin d'un toit, de nourriture et de sommeil et, au bout du compte, aucun d'entre nous ne sort vivant de son expérience terrestre !

Dans un monde idéal, nous discernerions toujours ces similitudes. C'est du reste ce qui se passe à la naissance. Le nouveau-né est conscient des gens qui l'entourent avant d'être conscient de lui-même. Le bébé est lié à sa mère par un sentiment fusionnel. Ce n'est que vers l'âge de deux ans que le marmot développe une conscience de soi embryonnaire, un début d'autonomie. Non sans humour, on qualifie de « terrible » cette période de la vie de l'enfant, car dorénavant plus personne n'arrive à avoir le dessus sur lui !

Comme ce serait agréable si nous pouvions prolonger jusqu'à 18 ans cette sensation d'unité que le poupon ressent… Il nous faudrait bien sûr composer ensuite avec la terrible vingtaine, ce qui ne serait sans doute pas très pratique. Quand un bambin de deux ans pique une crise de colère, il est toujours possible de le soulever dans nos bras et de quitter la pièce. Mais, pour la plupart, nous n'avons pas la force physique nécessaire pour forcer un garçon de près de 70 kilos à sortir du magasin s'il n'obtient pas ce qu'il veut.

La conscience de soi prend forme avec le temps et en fonction de notre expérience. Le vécu contribue à façonner nos préférences et nos antipathies, nos espoirs, nos rêves et nos souvenirs. Cette information nous aide à identifier le lieu où nous voulons vivre et avec qui, la profession que nous souhaitons exercer, et ainsi de suite. Bien vite, nous laissons ce vécu nous définir. Je suis médecin, mère au foyer, surfeur, etc. Si ces activités forment la base de la personnalité ou l'ego, la plupart des gens y voient à tort leur identité : ces particularités nous caractérisent mais elles ne sont pas nous. Un plat n'est qu'un élément du menu !

En vieillissant, nous nous identifions étroitement à tout cela, que notre ego prend en otage, et nous perdons de vue notre essence même, la part de nous qui ressent de forts liens avec toute créature et toute chose. L'auteur et éducateur John Bradshaw a un jour expliqué ainsi ce phénomène : « L'ego est au vrai moi ce que la lampe de poche est au projecteur. »

Les désastres ont pour effet de nous débarrasser de l'ego et de nous révéler tels que nous sommes. L'être que nous sommes vraiment au plus profond est encore relié aux autres. Quand survient une catastrophe, nous redevenons cet être. Dans *Le Magicien d'Oz,* Dorothée exprime ce sentiment pendant toute la durée du film puisqu'elle répète sans cesse : « Je veux rentrer chez moi. » Nous sommes nombreux à dire la même chose face à une inquiétude ou un danger. Nous voulons rentrer chez nous. Pourquoi ? Parce que c'est là que nous sommes en sécurité. Nous savons d'instinct que le moi profond est notre meilleur abri, car à ce niveau de l'être nous ne sommes qu'amour, paix et joie. Rien de mal ne peut nous arriver quand nous sommes chez nous. Puisque nous créons notre propre univers, nous savons d'instinct que cet univers est notre refuge quand un danger nous menace. Nous savons d'instinct que le bagage de pacotille que nous impose l'ego n'a aucune importance – l'ego, cette voix intérieure qui m'enjoint de ne pas offrir mon amitié ou de ne pas m'intéresser à quelqu'un de différent, qui répète que ma profession est beaucoup plus prestigieuse que la vôtre, que ma religion est très supérieure à la vôtre, que je suis infiniment plus raffiné que vous – bref, nous savons que tout ce que dit l'ego n'est pas important. Ce n'est pas important parce que, selon les lois universelles, tous les êtres sont égaux et soumis aux mêmes forces. Ainsi, quand un tremblement de terre ou une attaque terroriste ou un quelconque désastre se produisent, nos consciences s'unifient. Il devient impossible de nous distinguer les uns des autres. L'identité et la conscience sont les mêmes pour chacun. Essentiellement, puisque nous partageons une seule et même conscience indissociable (le mental) et que cette conscience est le fondement de toute chose (l'Univers), nous sommes tous reliés (le grand tout).

Selon moi, le stress se fait sentir lorsque nous mettons notre pouvoir au service d'un problème. Il faut garder le contrôle. JE ME CONTRÔLE. Je conserve mon pouvoir. Je ne laisse pas une situation, des circonstances, un défi me contrôler. Décidez tout de suite de garder le contrôle. Laissez dehors ce qui est dehors. N'oubliez pas que, si vous êtes parfaitement détendu, la solution à votre problème se présentera d'elle-même.

Ne vous laissez pas prendre au piège des méthodes de gestion du stress. Libérez votre stress. Vous êtes le maître de votre corps. Dites « Paix ». Dites « Quiétude ». Imaginez qu'un courant d'énergie de couleur lavande entre en vous par le dessus de la tête et se répand par tout le corps, puis visualisez chaque molécule qui vibre en accord absolu avec les lois divines. Vous êtes parfaitement détendu. Vous vous contrôlez. La où il y a de la détente, il n'y a pas de stress.

Prenez votre vie en main. Tout commence dans votre mental. Voilà ce qu'est le MétaSecret.

Le GRAND TOUT porte plusieurs noms. Oui, nous faisons partie du grand tout, mais il est beaucoup plus que cela. Le grand tout, c'est la vie et le mental ; certains l'appellent l'Esprit et d'autres l'appellent Dieu, la Vérité absolue, le Créateur, le Père, Mère Nature ou même l'Énergie suprême. Une doctrine inspirée de la tradition hermétique, le mouvement Summum, définit le grand tout comme suit : « L'union entre le rien et tout le possible, les parfaits antipodes, sans début ni fin, qui, en se créant l'un l'autre ont formé l'esprit vivant et infini. »

Quel que soit son nom, la notion voulant que nous soyons « séparés mais un » est difficile à assimiler. On croit regarder une image des années 1990 générée par ordinateur : on ne discerne d'abord qu'une multitude de petits points, mais quand on parvient à se détendre et à percevoir l'ensemble, on voit une image tridimensionnelle.

Un des exemples les plus concrets de la façon dont le principe du Mentalisme est toujours à l'œuvre autour de nous nous vient des religions du monde. Le judaïsme associe ce concept à la doctrine voulant que « Dieu a été, Il est et Il sera ». Les chrétiens adorent un Dieu en trois personnes : le Père, le Fils et le Saint-Esprit. Plusieurs religions païennes voient dans le Créateur une trinité composée d'une jeune fille vierge, d'une mère et d'une vieille femme. Si on remonte encore plus loin dans le temps, les anciens Égyptiens avaient eux aussi plusieurs trinités dont Osiris, Isis et Horus. L'hindouisme n'est pas en reste puisqu'il décrit Brahma comme un dieu unique ayant des milliers d'avatars, notamment Krishna, Kali et Vishnu.

Curieusement, cette notion d'une nature à la fois séparée et une est également présente dans la science. Si Einstein n'a jamais pu faire la preuve de sa théorie universelle, la complexité quantique, le principe d'incertitude de Heisenberg et plusieurs théories de la physique des particules, développées par la suite, ont été démontrées.

Être à la fois séparé et indivisible est une notion difficile à saisir. Les auteurs du *Kybalion* l'expliquent ainsi : le pied fait partie du corps, mais il n'est pas le corps tout entier. On peut même affirmer qu'en un certain sens, la compréhension du Mentalisme est une des plus anciennes ambitions de l'humanité, puisqu'il s'agit de comprendre ce que nous sommes et ce qui nous rassemble – autrement dit, notre unicité. Ce principe se retrouve dans les plus grands textes que l'humanité nous ait légués. *L'Iliade, La légende arthurienne, Alice au pays des merveilles* en sont quelques exemples. Hollywood a même donné un nom précis à ces histoires : ce sont des quêtes.

Selon la culture qui m'a vu naître, le bonheur, c'est l'acceptation de ce qui est. Il est dit dans la Torah que l'homme heureux est satisfait de son sort. Mais il n'est absolument pas question d'une acceptation passive du statu quo, de résignation.

Ce serait plutôt un appel à l'action. Il y a là une sorte de paradoxe. Il faut absolument tenter d'améliorer son sort, de rendre le monde meilleur, de renforcer nos relations, d'assainir notre situation financière. Il faut viser toutes les améliorations imaginables, qu'elles soient microscopiques ou macroscopiques.

Mais si vous n'êtes pas satisfait pas de votre vie actuelle, votre bonheur restera perpétuellement en suspens, jusqu'à ce que surviennent des circonstances qui n'existent pas encore. Faites cela, et vous ne serez jamais heureux.

Dans *Le guide du voyageur galactique*, un président apparemment fou demande aux personnages de se lancer à la recherche du sens de la vie, de l'Univers et de tout ce qui le compose. Au fil de l'histoire, ils affrontent toutes sortes d'obstacles et se livrent à de nombreux combats, jusqu'à ce qu'ils découvrent un superordinateur censé leur dire quel est le sens de la vie. Ce sens, leur affirme l'ordinateur, c'est le 42 ! Évidemment, les personnages ne sont nullement satisfaits de cette solution insensée. Ensuite, tout va de mal en pis : ils se rendent compte que leur univers est un jeu inventé par des souris pour se divertir. Finalement, cette aventure leur apprend que rien de tout cela n'a d'importance puisqu'ils ont trouvé le bonheur.

Une amie à moi a amené ses deux jeunes fils voir ce film. En revenant vers la voiture, son garçon de neuf ans lui a dit : « Je pense que ça veut dire que nous avons la vie que nous nous sommes créée. » Son frère aîné, plus avisé, a secoué la tête : « Si c'était vrai, pourquoi certaines personnes se créeraient-elles une vie dont elles ne veulent pas ? »

Pourquoi, en effet ? Mais ces deux garçons ont raison. Le Mentalisme nous enseigne que, puisque l'Univers est dans notre tête, nous pouvons tout créer. Mais attention : la loi de l'Attraction attire à nous toutes nos projections mentales. Si nous désirons vivre une relation amoureuse durable, mais que nous sommes persuadés que toutes les femmes sont des croqueuses de diamants ou que tous les hommes sont chauvins, toutes nos énergies sont concentrées sur ce que nous *ne voulons pas*. La loi de l'Attraction n'a que faire de nos préférences et de nos antipathies. Elle attire à nous toutes nos représentations mentales. Les pensées négatives attirent les expériences négatives, les pensées positives attirent les expériences positives. Ainsi donc, quand nous nous appliquons à visualiser les qualités que nous désirons retrouver chez quelqu'un d'autre, cette personne vient à nous. Ce scénario montre clairement comment les lois universelles œuvrent de concert. Nous créons tout ce que nous voulons par la pensée, ce qui nous amène à poser certains actes, qui à leur tour contribuent à nous procurer ce que nous désirons.

Puisque nous sommes toujours en train de créer quelque chose et, par conséquent, de nous transformer, nous sommes aussi toujours en train d'apprendre. Nous faisons parfois de prodigieux bonds en avant et parfois les changements sont lents à se produire. De temps à autre, nous faisons une pause, histoire d'évaluer nos progrès et de savoir si le trajet que nos créations mentales nous ont amené à parcourir nous satisfait. Ainsi qu'il en a été question précédemment, le premier bilan a lieu quand le marmot commence à se différencier de sa mère, ensuite quand l'adolescent tente de définir sa place dans le monde et, plus tard, quand l'adulte est dans la force de l'âge. Il n'a pas toujours lieu en pleine connaissance de cause, mais peu importe : les lois universelles suscitent en nous un besoin instinctif de faire le point. S'il est facile de blâmer les autres ou les circonstances pour nos malheurs et nos mésaventures, quand nous comprenons que le Mentalisme confère à chacun le contrôle absolu de son avenir et de sa destinée, nous sommes parfaitement habiletés à créer la vie dont nous avons toujours rêvé.

Ce qui nous amène à l'interrogation suivante : si chaque être crée tout ce qui existe, et que tous les êtres créent, il va de soi que certaines choses ne peuvent pas exister vraiment, car « soit c'est moi qui ai raison, soit c'est lui qui a raison ». Cette interrogation s'insère dans le principe de Paradoxe, selon lequel toute chose est à la fois illusion et réalité. Elle emprunte à un autre des sept principes, le principe de Polarité, qui veut que les contraires soient différents degrés d'une seule et même chose. Nous nous pencherons sur cette question dans un chapitre ultérieur, mais retenez pour l'instant qu'il y a un gouffre de différence entre une vérité absolue et une vérité personnelle.

La vérité absolue appartient au grand tout, mais en tant qu'individus, nous ne connaissons que des vérités subjectives émanant de notre expérience personnelle. C'est ainsi que chacun des témoins d'un accident de voiture en donnera un compte rendu différent et néanmoins exact des événements. Nous croyons nos sens lorsqu'ils nous disent ce qui est conforme à la réalité et ce qui ne l'est pas. Nous devons les croire, sans quoi, en tant que créatures terrestres possédant un corps physique, nous aurions beaucoup de mal à vivre au quotidien. Nos perceptions sont indispensables à notre apprentissage et à la création de notre univers. Imaginez un peu ce qui se produirait si, convaincus que les tornades ne sont que des illusions, nous courions à leur rencontre ? Ou que, décidant que l'air n'est pas nécessaire à la vie, nous faisions de la plongée sous-marine sans bonbonne d'oxygène ? Nous ne survivrions pas. Nous prenons notre vie en main quand nous admettons l'existence d'un monde physique qui nous oblige à composer avec lui.

Ensuite, nous appliquons les lois universelles les unes avec les autres pour atteindre nos objectifs personnels.

Trouver notre but dans la vie, voilà une des choses les plus importantes que nous puissions faire. Je crois que chacun naît avec un but unique et très personnel, et que s'il vit en fonction de ce but, s'il l'exprime et le réalise, il sera heureux.

Pour beaucoup de gens, la joie de vivre ressemble à un système de guidage – quand on s'éloigne de notre objectif, elle nous dit: « Tu n'es pas heureux, tu n'es pas épanoui. » La joie, la manifestation intérieure du bonheur, c'est une façon pour nous d'affirmer: « Oh, je suis sur la bonne voie, je fais ce que je suis censé faire. »

Voyez les choses sous cet angle: une rose doit être une rose, un chrysanthème, un chrysanthème, et un géranium, un géranium – ils ne peuvent pas être un pissenlit ou autre chose. Les êtres humains bénéficient quant à eux de la liberté de choix. Ils ont le choix de poursuivre d'innombrables objectifs et de faire tout ce qu'ils veulent; mais hélas, la plupart se laissent convaincre d'y renoncer.

Les Trois Initiés décrivent comme suit ce processus:
Si l'homme agit, vit et pense en considérant l'Univers comme un simple rêve, comme un piéton mal éveillé, il titube de tous côtés, ne faisant aucun progrès, et finalement se réveille en sursaut quand il tombe, se meurtrit et se blesse contre les Lois Naturelles qu'il ignorait. Gardez constamment votre esprit dirigé vers l'Étoile, mais que votre regard soit toujours dirigé sur vos pieds, sinon vous tomberez dans la

> fange parce que vous regardez en l'air. Nous ne vivons pas dans un monde de rêves, mais dans un univers réel en ce qui concerne notre vie et nos actions. Notre rôle est de ne pas nier son existence, mais de vivre en utilisant les Lois pour nous élever des degrés inférieurs aux degrés supérieurs, en faisant de notre mieux pour toutes les circonstances quotidiennes, et en cherchant à réaliser, dans la mesure du possible, notre idéal et nos idées les plus élevées[2].

Ils expliquent ensuite que, pour créer notre réalité, il nous faut transformer notre vision du monde et faire appel non pas au déni mais à la loi universelle. La seule façon que nous ayons de créer notre réalité est le recours à l'ego, c'est-à-dire le petit moi. Pour distinguer le vrai du faux, il faut savoir ce qu'est le faux. En d'autres termes, on apprend ce qu'est la réalité en identifiant ce qui n'a pas de réalité. C'est la connaissance du faux qui tôt ou tard nous révèle le vrai.

Cette polarité s'applique aussi à l'esprit humain. L'être qui vient au monde est, de par sa nature véritable, relié à tout être et à toute chose, et sa perception du monde l'amène ensuite à développer son individualité. Pour retrouver sa véritable nature et ce sentiment originel d'interdépendance et d'unité, il doit lâcher prise pendant quelque temps, se délester de son petit moi. Durant cette période, l'être extériorise sa sensibilité. Voyons cela à la lumière du bon vieil exemple du jeune scout qui aide une personne âgée à traverser la rue. S'il le fait pour qu'on l'applaudisse, parce qu'il espère gagner un insigne du mérite, ou encore parce que, ce faisant, il se sent bien dans sa peau, il le fait au nom de son petit moi. S'il le fait pour faciliter la vie d'une personne qui a vraiment besoin d'aide, il le fait au nom de sa nature véritable.

Concernant la quête de la nature véritable, le maître spirituel indien Osho a dit un jour : « Quand vous réussissez à l'approcher, tout se transforme, tout redevient

2. Tous les extraits du *Kybalion* reproduits ici sont tirés de la première édition française, dans la traduction de M. André Durville, publiée à Paris en 1908 chez Henri Durville, imprimeur-éditeur. NDT.

calme. Mais ce calme n'est pas extérieur. Tout devient un ensemble ordonné, il n'y a plus de chaos ; il y a un ordre nouveau. C'est l'ordre même de l'existence. »

Vous vous demandez sans doute : « Quel avantage comporte pareil altruisme ? La vie n'est-elle pas déjà assez difficile sans ça ? Je n'ai déjà pas le temps de m'occuper de moi-même, quand voulez-vous que je m'occupe des autres ? » En fait, cela appartient aux lois universelles, c'est une manifestation de la polarité. Quand on lâche prise et qu'on agit, on pénètre dans le courant de la vie, on se fond tout naturellement à sa nature véritable. Quand on découvre sa nature véritable, c'est-à-dire la part de soi qui est reliée à l'Univers, on est en paix. On attire facilement le bonheur, l'amour, la joie, bref, toutes les bonnes choses de la vie.

Curieusement, voici qu'intervient à nouveau le principe de Paradoxe. Puisque nous sommes déjà nous, soit notre nature véritable, il nous faut avant tout admettre que nous sommes parfaits ainsi. Mais il nous faut aussi découvrir à quel règne appartiendra cette prise de conscience : le physique, le mental, l'universel, ou les trois à la fois, et acquérir ainsi une meilleure maîtrise du fonctionnement des lois. Mais cela demande de la pratique !

Lorsque Hermès a écrit, sur la Table d'émeraude, que « Ce qui est en haut est comme ce qui est en bas », c'était une façon personnelle de dire que, lorsqu'on parvient à comprendre les sept principes sur un des plans de l'existence, on peut les comprendre sur tous les autres plans. Nous aborderons ce sujet plus en détail dans le prochain chapitre. Entre-temps, sachez que cette idée contribue à expliquer le principe du Mentalisme. Quand nous créons la réalité par nos pensées, nous faisons appel au Mentalisme. Si nous pouvons le faire en tant qu'êtres humains, il va de soi que le grand tout le fait également, ce qui nous ramène au début du présent chapitre en bouclant la boucle. Ce que vous avez lu n'est peut-être qu'un rêve qui ressemble à la réalité ! L'Univers et tout ce qu'il renferme n'est-il pas une création mentale ? « Le Tout est Esprit ; l'Univers est mental. »

Quand il est question de métaphysique, il est question de ce qui se situe au-delà du physique.

Il faut donc aller à l'intérieur de soi. Nous avons été programmés pour vivre de l'extérieur vers l'intérieur, c'est-à-dire que nous permettons à ce qui est au-dehors de contrôler ce qui a lieu au-dedans de nous.

Pour entrer dans le métasecteur de notre personnalité, nous devons délaisser notre véhicule physique, nous hisser dans le champ supérieur de l'être et reconnaître que nous habitons simultanément trois plans de connaissance. Nous partons d'un potentiel supérieur pour aller vers un potentiel inférieur. Si vous avez quelques notions d'électricité, vous savez, comme tout bon électricien ou tout ingénieur, qu'il faut passer d'un potentiel électrique supérieur à un potentiel inférieur. Si vous faites le contraire, vous ne tirerez rien d'utile de l'énergie électrique.

Dans le domaine du mental, on ne part pas du physique pour monter plus haut. On part de la pensée pour descendre plus bas. Les pensées sont de l'ordre du spirituel. L'esprit est omniprésent. Il se trouve partout où sont les pensées. Les pensées sont omniprésentes.

Cent pour cent des pensées sont sans doute présentes partout à la fois. Je peux être sous l'eau et penser. Je peux être à bord d'un avion et penser.

J'ai eu le plaisir de travailler avec certains des astronautes qui ont vu le côté caché de la lune. Ils y étaient capables de penser. Non seulement étaient-ils capables de penser de l'autre côté de la lune, mais ils pouvaient transmettre ces pensées à quelqu'un sur Terre ! Ce n'est rien d'autre qu'une forme de communication télépathique.

Chapitre 3

On récolte ce que l'on sème

Un homme âgé vêtu d'un grand manteau s'est approché de moi. La lame du couteau qu'il tenait à la main brillait légèrement à la lueur des bougies. Il me dit: « Donne ta main. »

J'ai tendu vers lui une main hésitante.

D'un geste rapide et précis, il a percé mon index. J'ai voulu retirer ma main, mais il la tenait fermement. Il a pressé mon doigt, faisant surgir une unique goutte rouge vif, puis il a souri.

« Sais-tu pourquoi c'est si précieux? » a-t-il fait.

« C'est mon sang. » J'ai avalé ma salive. Je craignais qu'il en veuille plus qu'une goutte.

« C'est ton sang, mais il ne s'agit pas que de cela », dit-il, arborant une expression mystérieuse. En déposant la goutte de sang sur la lame de son couteau, il ricana et ajouta: « Ce que tu vois devant toi, c'est ni plus ni moins le secret de l'Univers. Ce sang contient non seulement toutes tes données – chaque goutte renferme ton code génétique – mais aussi le code de l'Univers tout entier. »

J'ai secoué la tête. « Je ne comprends pas. »

« Tu comprendras », a-t-il conclu, en s'estompant jusqu'à disparaître.

« Attendez! » Je l'ai appelé, mais je tournoyais déjà dans les brumes de l'éveil.

Je suis resté couché quelques instants en m'efforçant de me souvenir de mon rêve, mais plus j'essayais de le retenir, plus les images devenaient floues et s'évanouissaient. J'ai cherché un carnet et j'ai gribouillé: « Mon sang, code de l'Univers. » J'ai relu ces mots plusieurs fois, comme hypnotisé. Cette étrange pensée était néanmoins tout à fait sensée; en effet, chaque goutte de sang d'une personne renferme son code génétique, son ADN. Selon le Mentalisme, si nous formons un tout avec les autres et avec l'Univers, il s'ensuit alors que nous portons en nous toutes les données de l'Univers.

Je me suis souvenu d'avoir entendu un jour l'astronome maintenant décédé, Carl Sagan, dire que nous sommes tous de la « poussière d'étoile ». Il avait expliqué que, comme les étoiles, nous sommes faits de carbone, d'azote, d'oxygène et d'un tas d'autres choses. Mais il y a plus important encore que le fait d'être constitués des mêmes éléments : quand une étoile parvient à la fin de sa vie, il arrive souvent qu'elle explose. En explosant, elle projette dans l'espace d'infimes particules d'elle-même, que les astronomes appellent « poussière » ou « poussière d'étoile ». L'Univers est passé maître dans l'art du recyclage. Ainsi que l'a affirmé Lavoisier, un célèbre chimiste français du XVIIIe siècle : « Rien ne se perd, rien ne se crée, tout se transforme. » L'Univers réutilise donc tout ce qu'il peut lorsqu'il crée de nouvelles planètes et de nouveaux systèmes solaires. Ainsi, tout ce qui existe sur Terre, les océans, les montagnes, les arbres, vous et moi, nous provenons tous de cette poussière d'étoile !

Plus je réfléchissais, plus je me disais que cela allait au-delà du simple principe de Mentalisme. Si celui-ci alimente les conversations, il n'est guère utile dans le quotidien sauf pour nous aider à mieux comprendre les autres lois de l'Univers.

Un autre principe, soit le principe d'Analogie, intervenait dans mon rêve. Le fait d'examiner mon sang pour comprendre l'Univers n'était qu'une autre façon d'expliquer ce deuxième principe. Mais il fallait pour cela que je modifie légèrement l'aphorisme « Ce qui est en haut est comme ce qui est en bas » pour lui faire dire : « Ce qui est au-dedans est comme ce qui est au-dehors. »

En gravant ces mots célèbres dans la Table d'émeraude, Hermès voulait dire que nous ne saurions comprendre l'Univers sans d'abord nous comprendre nous-mêmes. Il suffit d'entrer en soi pour trouver les réponses à nos questions, puisque tout ce qu'il nous faut s'y trouve déjà.

Tout comme le principe de Mentalisme, le principe d'Analogie s'exerce à la fois sur les plans mental, physique et spirituel. La seule différence entre ces trois plans est leur vitesse respective de vibration. La vibration du plan physique est plus lente que celle du plan mental. Vous en avez souvent fait l'expérience. Certains d'entre vous, en subissant un accident, ont eu l'impression qu'il se déroulait au ralenti. Durant les quelques secondes où le drame se jouait, vous étiez bombardés par des millions d'images. Un autre exemple : combien de fois vous est-il arrivé de penser à ce qu'un ami s'apprête à vous dire une fraction de seconde avant qu'il ne le dise ? De même, la vibration du plan mental est plus lente que celle du plan spirituel. C'est aussi le cas du pardon dont l'énergie transforme parfois même l'attitude de la personne à qui l'on a pardonné.

Vous n'ignorez pas qu'un tas de gens perdent un temps précieux à ruminer le passé. Ç'a été mon cas. Je gâcherais votre semaine si je vous racontais les 26 premières années de ma vie. Un désastre !

Quand j'ai eu 26 ans, un type m'a regardé en face et m'a dit que j'étais l'être le plus pitoyable qu'il ait jamais connu. C'était vrai ! J'étais très malheureux. Il m'a dit : « Tu es toujours malade ! » Je n'étais atteint d'aucune maladie mortelle ou grave, mais j'avais toutes sortes de petits malaises – maux de dos, maux de tête et quoi encore – en plus d'être constamment fauché. Il m'a dit : « Qu'attends-tu pour changer ? » Eh bien, tant que je repenserais à ce qui m'avait conduit jusque-là, je ne ferais que recréer les mêmes situations. Il a dit : « Renonce ! Pardonne à ce qui a été ! »

Le principe d'Analogie agit de la même façon sur les trois plans. Les mêmes lois universelles s'appliquent donc, quel que soit le plan où vous vous situez.

Voici comment les Trois Initiés ont expliqué ce phénomène :
Ces divisions sont plus ou moins artificielles ou arbitraires, car la vérité est que chacune de ces trois divisions n'est qu'un degré supérieur de la

grande échelle de la vie, le degré le plus bas étant évidemment la matière et le plus haut, l'esprit. D'ailleurs, les différents plans se fondent les uns dans les autres, si bien qu'il n'est pas possible d'établir de division bien nette entre les phénomènes supérieurs du plan physique et les phénomènes inférieurs du plan mental, ou entre les phénomènes supérieurs du plan mental et les phénomènes inférieurs du plan spirituel. En un mot, les trois grands plans peuvent être considérés comme trois grands groupes de degrés dans les manifestations de la vie.

Un plan n'est pas un endroit mesurable ni une dimension ordinaire de l'espace ; c'est même plus qu'un état ou une condition. Le plan n'a pas les dimensions ordinaires que sont la longueur, la largeur et la hauteur, mais on lui applique une autre mesure, celle de la « quatrième dimension » de la vibration.

Cette notion des trois plans d'existence est fortement ancrée tant dans le christianisme que dans le judaïsme. Il s'agit de la terre, du ciel et de l'enfer. Une quatrième dimension, comme celle dont font état les Initiés, existe aussi dans l'Église catholique : le purgatoire. Les similitudes ne s'arrêtent pas là. Les hermétistes compliquent souvent un peu les choses en introduisant sept plans mineurs et sept sous-plans dans chacun des trois grands plans principaux. Pas de panique. Nous n'irons pas jusque-là. Rares sont ceux qui y vont de nos jours. Ces plans dans les plans sont avant tout des instruments d'étude et de discussion théorique. Mais il est intéressant de noter que l'islam reconnaît sept ciels et sept univers, et que le bouddhisme reconnaît aussi plusieurs plans d'existence au sein du processus de réincarnation.

Le principe d'Analogie s'applique aussi à lui-même puisque des correspondances existent entre la religion et la science. Il y a près d'un siècle, un jeune Juif allemand passionné de physique s'est mis dans la tête de démontrer l'existence d'un espace-temps quadridimensionnel, et il a été acclamé comme un des plus grands scientifiques de tous les temps. Aujourd'hui, la théorie de la relativité d'Albert Einstein est connue partout dans le monde. Mais cela ne lui a pas suffi. Plus tard, devenu professeur à Princeton, il a continué son exploration de l'Univers en collaboration avec son associé, Nathan Rosen, et ensemble ils ont formulé la théorie Einstein-Rosen qui explique comment les différentes dimensions sont reliées entre elles de façon continue.

Vous est-il déjà arrivé de vous trouver au pied d'un gratte-ciel et de prendre tout à coup conscience de votre petitesse par rapport à l'édifice, ou de lever les yeux au ciel et de vous sentir tout petit devant son immensité ? Quand nous reconnaissons que ces situations ne nous révèlent qu'un microscopique aspect de l'Univers, comprendre le grand tout et tout ce qu'il comporte nous apparaît comme une tâche insurmontable. Mais le principe d'Analogie a ceci de formidable qu'il possède un « dispositif » de sécurité intégré qui facilite sa compréhension. Peu importe que l'objet de notre quête soit si gigantesque qu'il échappera toujours à notre préhension, ou trop infime pour que nous puissions le voir à l'œil nu, peu importe son plan d'existence, tout ce qui existe est fait de la même matière. Voilà pourquoi toute chose est un reflet ou une réplique de toute chose.

Un professeur de mathématique de l'université Yale a réussi à faire la démonstration de ce concept dans les années 1970 en développant une nouvelle classe d'objets mathématiques appelés « objets fractals » ou « fractales ». Benoit Mandlebrot s'est aperçu que, si la géométrie traditionnelle pouvait décrire certains motifs, par exemple les différentes sections d'une pomme de pin, les pétales d'une fleur de pissenlit ou les dessins des ailes de papillon, le monde réel, la nature produit presque toujours des motifs irréguliers, des fractales. Constatant que ce qui se présente comme un motif désordonné est en réalité un motif dans un motif dans un motif, il est parvenu à établir la formule géométrique de ces objets apparemment aberrants, par exemple les branches d'un arbre ou les taches d'un léopard. Il arrive que ces structures ne soient détectables qu'au niveau microscopique, mais elles existent. Les structures, même celles des plus infimes molécules, sont auto-similaires – c'est-à-dire qu'elles sont récursives, montrant par là que la nature n'est pas aussi aléatoire que nous l'avions d'abord cru.

Notre propre corps présente certaines de ces structures. Nos doigts sont formés de différentes sections cylindriques qui s'emboîtent dans des jointures. Cette structure se poursuit pour former la main, qui s'emboîte dans le poignet, puis l'avant-bras qui s'emboîte dans le coude, et ainsi de suite. Autrement dit, consciemment ou à notre insu, nous sommes perpétuellement soumis aux lois de l'Univers.

Étant donné qu'il est parfois plus facile d'accepter certaines choses quand nous faisons abstraction de nous-mêmes ou de nos émotions, l'humanité utilise depuis toujours le principe d'Analogie sous forme de récits, comme moyen d'apprentissage : ce sont les allégories, les fables et les paraboles. Qui ne connaît pas ces fables d'Ésope : *Le garçon qui criait au loup* et *Le lièvre et la tortue*, ou ces paraboles de la Bible : *Le grain de sénevé* et *Le fils prodigue* ? Plus près de nous, *Le Seigneur des anneaux*, de J. J. R. Tolkien, et *Le Lion, la sorcière blanche et l'armoire magique*, de C. S. Lewis, évoquent magnifiquement ce qui se produit quand on maltraite ceux qui sont différents de nous. Ces contes décrivent aussi avec éloquence la manière dont le bien triomphe du mal quand nous prenons en main notre vie et notre destin par des pensées et des actions positives.

Vous savez, on dit que si vous fabriquez un produit, les gens l'achèteront. Je crois que si vous fabriquez un produit, que vous le fabriquez à la perfection, qu'il se distingue des produits de la concurrence, que vous mettez au point un bon argument de vente et que la mise en marché est dynamique, il est probable que les gens l'achèteront. Mais ce n'est pas une certitude. Si vous vous contentez d'imaginer des choses sans rien faire, il est peu probable qu'on se bousculera au portillon. Vous devez agir, participer à la création de votre réalité.

Or, qu'est-ce que le principe d'Analogie vient faire dans la vie quotidienne où nous devons nous occuper des nôtres, gagner notre vie et être en tout un surhomme ou une super femme ? Beaucoup. Parce que nous sommes d'immenses glaces qui reflètent au-dehors tout ce qui se passe au-dedans de nous. Voilà ! Encore un objet fractal !

Imaginez une personne amoureuse et ce motif vous apparaîtra clairement. Il n'est même pas nécessaire qu'elle soit amoureuse dans le sens romantique du terme : cette personne peut être amoureuse d'un animal de compagnie, d'un nouveau-né ou d'elle-même. Attention : il n'est pas indispensable de percevoir ce motif pour être capable d'imaginer quelqu'un de cette façon ! Lorsqu'une personne éprouve une passion sincère pour quelque chose ou pour quelqu'un, comment réagit-elle ? Elle sourit, elle est heureuse. Un bonheur authentique est contagieux. Être maussade en compagnie d'une personne heureuse est très difficile. Des millions d'émotions ont beau nous remuer à cet instant, elles nous importent peu, nous y reviendrons plus tard. Ce que nous voulons avant tout, c'est concentrer notre attention sur le bonheur de cette personne. Les gens heureux sont bien dans leur peau et ce bien-être se propage à leur entourage. Leur énergie positive attire à eux les gens et les situations qu'ils souhaitent. Ils reçoivent une augmentation de salaire, ils gagnent un voyage de rêve pour deux personnes, ils revoient un vieil ami qu'ils avaient perdu de vue, et ainsi de suite. Même quand tout ne se déroule pas comme prévu, quand ils sont pris dans un bouchon de circulation ou que le repas du soir est trop cuit, ils ne s'en font pas outre mesure. Ce ne sont que des détails sans importance, car pour eux la vie est belle et ils sont convaincus que tout va s'arranger.

D'autre part, vous connaissez l'expression : « Un malheur n'arrive jamais seul », n'est-ce pas ? Les lois universelles sont neutres, elles ne font aucune différence entre le bonheur et le malheur. Imaginons la scène suivante : vous avez mal dormi et en vous levant vous trébuchez sur le chat, et vous lui donnez un coup de pied parce qu'il n'aurait pas dû être dans vos jambes. Puis vous constatez que vous serez en retard au travail parce que le réveil n'a pas sonné. Alors vous ne prenez pas de douche, par conséquent votre mise est aussi moche que votre humeur, si bien que vous vous sentez encore plus moche qu'avant, parce que vous devinez que le reste de la journée sera à l'avenant. Évidemment, en arrivant tard au bureau vous ratez un rendez-vous important, votre patron est furieux, alors vous vous vengez sur votre petite amie quand elle vous appelle. Elle annule par conséquent la soirée à deux que vous projetiez parce que vous vous comportez comme un imbécile, et – ça ne manque pas – votre mère vous appelle aussi et vous accuse d'être un fils ingrat parce que vous n'êtes toujours pas allé lui donner un coup de main comme elle vous supplie de le faire depuis des mois. Quand vous rentrez enfin chez vous les pompiers sont là, l'appartement est rempli de suie et de fumée parce que dans votre hâte à partir ce matin vous avez oublié de débrancher le fer à repasser, et maintenant le chat s'est enfui et vous vous effondrez parce que la dernière fois que vous l'avez vu vous lui avez donné un coup de pied. Pourtant, ce chat est la seule créature au monde qui vous ait jamais aimé ! Quelle tragédie !

Parfois, l'application uniforme des lois est un peu trop équitable à notre goût. Pour que des circonstances négatives se transforment en circonstances positives sans qu'il y ait injustice, il faut qu'un événement nouveau entraîne un changement de paradigme. Ce changement a lieu quand nous posons un regard différent sur le monde et sur nos actes.

Certaines dépendances persistent – achats compulsifs, alcoolisme, jeux de hasard, etc. – parce que les personnes victimes de ces accoutumances essaient se régler le problème de l'extérieur plutôt que de l'intérieur. Il ne s'agit pas seulement d'une manie de la dépense ou d'un goût immodéré pour l'alcool, mais d'un trouble beaucoup plus profond. Il arrive même que la personne dépendante ignore que son accoutumance est un moyen pour elle de refouler un problème profond. Tout changement extérieur ne servira à rien s'il n'est pas assorti d'un changement intérieur. C'est ce que la plupart des programmes de croissance personnelle s'efforcent de nous inculquer.

Lorsque le Mahatma Gandhi a dit : « Vous devez être le changement que vous voulez voir dans ce monde », il faisait allusion au principe d'Analogie. Il savait que, si nous voulons changer le monde, nous devons d'abord changer notre façon de penser.

Cela me rappelle une fable bouddhiste. Il était une fois un homme très riche. En matière de fortune, il était en quelque sorte le Donald Trump de son temps. Mais il était aussi très avare. Il était si radin qu'il refusait même d'acheter de quoi se nourrir, car cela l'aurait privé d'une petite parcelle de sa fortune. Il préférait se laisser mourir de faim ainsi que sa femme, ses enfants et ses serviteurs.

Un jour qu'il était en promenade, il croisa un jeune garçon qui vendait des beignets sucrés. Leur arôme était si enivrant que l'homme riche faillit se laisser tenter, mais il se retint. Quand il rentra chez lui, son envie d'un beignet était si insupportable qu'elle le rendit malade. Il alla se coucher. Sa femme vint le trouver et lui demanda ce qui n'allait pas. Il lui avoua son envie de beignets sucrés.

« Aucun problème. Je vais faire des beignets sucrés et il y en aura assez pour tout le village. »

En entendant cela, l'homme riche faillit avoir une attaque. « Non. Je te l'interdis. Les gens du village n'ont pas besoin de beignets sucrés. »

« Bien. Alors j'en ferai pour la maisonnée », dit sa femme dans un rire en s'en allant.

Il la retint par la main. « Je ne veux pas que tu en fasses pour les domestiques. »

Connaissant l'avarice de son mari, elle acquiesça : « Dans ce cas, j'en ferai pour notre famille seulement. »

Encore une fois, il hocha la tête : « Les enfants n'en ont pas besoin. »

Sa femme soupira. « Très bien. Je n'en ferai que deux. Un pour toi et un pour moi. »

Il s'assit. « Pourquoi en voudrais-tu un ? C'est moi qui suis malade. »

Sa femme était très mécontente, mais elle lui prépara quand même un beignet qu'il avala tout rond.

Or, il arriva que Sakka, le dieu du ciel, observant cet homme riche, décidât que le moment était venu de lui donner une petite leçon. Le lendemain, quand l'homme riche alla en promenade, Sakka revêtit son apparence et se rendit dans sa maison. Il dit à un serviteur d'aller vite dire à tous les villageois qu'il ouvrait les portes de sa chambre au trésor afin de partager sa fortune avec eux. Ils pouvaient donc venir chez lui prendre ce qu'ils voulaient.

Bientôt, une foule se pressa chez lui et les gens du village se bousculèrent pour s'emparer qui de son or et qui de ses bijoux. Voyant cette commotion, l'homme riche suivit la foule jusque chez lui.

« Au secours, au secours ! On me vole ! » cria-t-il à qui voulait l'entendre.

Le roi, qui avait entendu parler de ces largesses, vint sur place les constater de visu. Il entendit les cris de l'homme riche. « Mais ton propre serviteur a dit que tu faisais don de toute ta fortune. »

« C'est ridicule », répliqua l'homme riche, furieux. Il fit venir sa femme pour confirmer qu'il ne ferait jamais rien d'aussi stupide.

Quand elle arriva, Sakka l'accompagnait, toujours sous son déguisement.

Abasourdi à la vue de son double, l'homme riche expliqua comme suit la situation : « Vous voyez ? C'est un imposteur ! »

Le roi étant incapable d'identifier lequel des deux était le véritable homme riche, il demanda à la femme si elle savait qui était son mari.

« Je crois que oui », fit-elle ; puis elle demanda au double : « Envers qui faut-il d'abord se montrer généreux ? Son prochain ou soi-même ? »

Sakka répondit promptement : « Il faut être généreux envers tous. »

Indigné, l'homme riche tapa du pied. « C'est une question piège. Il ne faut être généreux envers personne ! »

La femme sourit intérieurement. Elle savait très bien lequel des deux hommes était son mari, mais elle avait là une occasion en or de refaire sa vie auprès d'un homme généreux. Elle mentit : « Le premier des deux hommes est mon mari. »

L'homme riche en fut estomaqué. Voilà qu'en quelques heures seulement il avait tout perdu : maison, fortune, famille. Mais avant que les choses n'aillent plus, Sakka révéla sa véritable identité et expliqua à l'homme riche qu'il était venu sur Terre pour lui donner une leçon : « Quand tu maltraites les autres, les autres te maltraitent ! »

Ici, en Occident, nous avons un dicton qui dit : « On récolte ce que l'on a semé. » Le principe d'Analogie nous permet de comprendre que la vie est telle que nous la façonnons. Si nous voulons que la vie soit belle, nous devons faire en sorte qu'elle le devienne en substituant le positif au négatif. Si vous désirez un appareil de télévision à écran plat, ce n'est pas en déplorant la décrépitude de votre vieille télé que vous en matérialiserez une neuve. Plus vous vous plaindrez de sa mauvaise qualité, plus vous la détesterez. Et vous mettrez tant d'énergie à détester ce vieux téléviseur que vous n'aurez plus le temps de trouver la solution qui vous permettra d'en acquérir un autre. Vous serez trop occupé à critiquer votre vieille télé et à répéter à tout un chacun qu'elle empoisonne votre existence. Le type qui vous a convaincu d'acheter cette vieille télé mérite la potence, songez-vous, même si ce modèle était le fin du fin il y a quinze ans ! Il aurait dû être plus perspicace. Il aurait dû savoir qu'un jour ce ne serait plus qu'un tas de ferraille et que vous seriez très mécontent !

D'accord. C'est un exemple absurde. Mais vous voyez où je veux en venir. Le principe d'Analogie nous aide à comprendre que nous créons nos propres problèmes. Il n'y a pas de problèmes en ce bas monde. Il n'y a que des faits. C'est notre réaction à ces faits, ce que nous attendons des circonstances ou des gens qui créent les problèmes. Le MétaSecret qui sous-tend le principe d'Analogie est simple. Le mental crée la certitude qui à son tour crée le problème. Au fond d'eux-mêmes, les optimistes et les pessimistes sont identiques. Ils ne se différencient que par leurs certitudes.

L'abondance et la richesse sont les clés de l'Univers. Elles sont l'Univers. Si vous regardez autour de vous, vous verrez que tout est abondance. Des arbres poussent, des gens prennent du bon temps, des transactions commerciales ont lieu, toute cette richesse, toute cette prospérité, voilà qui est abondance.

Si ce n'est pas le cas pour vous, c'est parce que vous nourrissez à votre insu des certitudes, des intentions contraires, une certaine négativité qui empêchent l'abondance d'entrer dans votre vie. La loi de l'Attraction est à l'œuvre en tout temps, mais au niveau du subconscient.

L'abondance, la richesse sont partout autour de vous. Si vous ne ressentez pas leur présence, si vous n'en faites pas l'expérience, c'est parce qu'intérieurement vous n'êtes pas convaincu de les mériter. Voilà donc en partie le travail que doit faire l'inconscient pour vous apprendre, en toute conscience terrestre, ce que sont l'abondance et la prospérité. L'abondance et la richesse sont un droit de naissance. Si vous n'en faites pas l'expérience, c'est l'inconscient qui est responsable.

Winston Churchill a éloquemment résumé cela quand il a dit : « Un pessimiste voit la difficulté dans chaque occasion, un optimiste voit l'occasion dans chaque difficulté. »

Beaucoup de gens peinent à assimiler cette notion. Ne serait-ce pas beaucoup plus facile si tout le monde faisait ce qu'on leur demande ? Ne serait-ce pas extraordinaire si notre conjoint accourait quand on l'appelle ? Et s'il se hâtait de se retirer parce qu'il devine que, dans une seconde, sa présence nous sera intolérable ? Notre patron ne pourrait jamais nous obliger à faire quoi que ce soit, nous pourrions entrer dans une boutique et y choisir tout ce que nous voulons… Selon moi, le monde arrêterait vite de tourner.

Nous comprenons intellectuellement que le monde ne durerait pas très longtemps si les choses se passaient ainsi, mais la plupart des gens n'ont pas intériorisé cette notion. La plupart du temps, nous jugeons encore *les autres* responsables de presque tous nos problèmes, nous ne comprenons pas que ceux-ci sont dus à *notre perception* des choses ! Notre petit moi nous dit que quelqu'un nous a insulté ou maltraité ? Nous y voyons un problème. En réalité, ce n'en est pas un pour cette personne, sinon elle n'aurait pas agi de cette façon. Ces situations nous donnent une occasion en or de façonner notre vie à notre guise, de nous assumer, de comprendre que nos pensées et notre esprit sont les seules choses sur lesquelles nous avons du pouvoir, ou bien nous pouvons choisir de continuer à blâmer les autres et les circonstances extérieures pour tous nos malheurs.

Il est parfois beaucoup plus simple de modifier certains aspects de notre vie en nous imaginant être quelqu'un d'autre, une personne chère à notre cœur, par exemple un enfant, un ami intime ou un époux, et en se demandant comment nous la conseillerions dans les circonstances. Nous sommes souvent plus généreux et bienveillants envers les autres qu'envers soi. Imaginer un soi allégorique peut nous aider à faire preuve d'une plus grande charité envers nous-mêmes.

On peut alors se poser les questions suivantes : « Comment le monde qui m'entoure reflète-t-il ma vie quotidienne, ma vie amoureuse et ma vie professionnelle ? » et « Que dois-je faire pour remédier à ma situation ? ». Visualisez les changements que vous souhaitez et comportez-vous de manière à les concrétiser. C'est lorsque nous examinons ainsi notre « sang », l'essence de notre nature véritable, que nous tenons enfin la clé du monde auquel nous aspirons.

CHAPITRE 4

De bonnes vibrations

Les paroles célèbres suivantes: « Je suis venu, j'ai vu, j'ai vaincu », de Jules César, « Je suis un Berlinois », de John F. Kennedy et « C'est un petit pas pour l'homme, mais un bond de géant pour l'humanité », de Neil Armstrong, illustrent avec éloquence le troisième des principes hermétiques, le principe de Vibration. Il n'y a pas que les sonorités des mots que renferment ces phrases célèbres qui vibrent, c'est le cas aussi des sentiments qu'elles éveillent.

Je me suis tu un instant et j'ai observé les gens du public pour savoir s'ils saisissaient bien ce que j'étais en train de dire. Tous les yeux étaient rivés sur moi, un silence respectueux régnait et on attendait que je continue. Fier du chemin parcouru, j'ai souri intérieurement. J'exerçais la profession de psychothérapeute et celle de conférencier de la motivation. Je transmettais ma longue expérience aux autres. Un sentiment de bonheur m'a envahi et j'ai repris le fil de ma conférence sur les bonnes vibrations.

Ce troisième principe hermétique dit: « Rien n'est immobile. Tout bouge. Tout vibre. » Cet énoncé est à lui seul fascinant quand on songe qu'il a été formulé plusieurs millénaires avant que la science moderne ne démontre que le noyau terrestre vibre à une fréquence de 7,8 cycles à la seconde, soit la même que celle du corps humain, et ce, bien avant que nous découvrions que toute matière, de la pierre aux arbres, en passant par l'eau et l'air, est composée d'atomes – soit d'un noyau autour duquel gravitent des neutrons et des protons – qui vibrent sans cesse.

Selon le principe de Vibration, le grand tout vibre à une fréquence très élevée et très stable, tandis que les trois plans de l'existence vibrent à des fréquences décroissantes. En d'autres termes, le seul facteur qui différencie entre eux les plans de l'existence est leur fréquence de vibration. Or, ainsi que nous en avons parlé brièvement dans le chapitre précédent, l'énergie spirituelle vibre plus rapidement que l'énergie mentale, qui à son tour vibre plus rapidement que l'énergie physique, et chacun de ces trois plans se subdivise en plusieurs plans secondaires dont la fréquence de vibration va en s'amenuisant. Sur le plan physique, la fréquence de vibration de l'être humain est plus rapide que celle de la pierre. Mais si la pierre devait augmenter de fréquence et vibrer de plus en plus vite, elle en viendrait à se hisser à un plan supérieur d'existence.

> **Les Trois Initiés expliquent ce concept comme suit:**
> Quand l'objet atteint un certain niveau de vibrations, ses molécules se désagrègent et se décomposent en ses propres éléments originaux et en ses propres atomes. Les atomes, obéissant alors au Principe de Vibration, se séparent alors, et redonnent les innombrables corpuscules dont ils étaient composés. Finalement, les corpuscules eux-mêmes disparaissent et on peut dire que l'objet est formé de substance éthérée. [...] Au moment ou l'objet émet des vibrations lumineuses, calorifiques, etc., [...] il a simplement atteint un degré de vibration tel que ses formes d'énergie sont en quelque sorte libérées des molécules, des atomes ou des corpuscules qui, suivant le cas, cherchaient à les retenir. [...] Si la vitesse de vibrations augmentait encore, l'objet atteindrait les divers degrés de la manifestation, puis manifesterait les différents stades mentaux; ensuite, il poursuivrait sa route vers l'Esprit, jusqu'à ce qu'il finisse par réintégrer le Tout, qui est l'Esprit absolu.

Tout cela est passionnant en théorie, mais rares sont ceux qui verront de leur vivant des blocs de ciment, des chaises ou des écrans d'ordinateur se mettre à tourner sur eux-mêmes jusqu'à disparaître. Le moins qu'on puisse dire est que ça ne serait pas du tout pratique! Mais le principe de Vibration peut très utilement s'appliquer à la vie quotidienne. Chacune de nos pensées et chacune de nos émotions vibre aussi. Certaines émotions, par exemple la colère ou la frustration, ont une fréquence de vibration beaucoup plus basse que le bonheur ou la sérénité.

Le principe de Vibration nous ramène aussi à la loi de l'Attraction. Toute vibration émotive en attire une autre. Nous le savons, parce que nous en faisons chaque jour l'expérience. Que se passe-t-il si quelqu'un vous fait un compliment sincère? Cela vous fait du bien, n'est-ce pas? Et si quelqu'un vous insulte, il est probable que vous lui rendrez la monnaie de sa pièce.

Il est très important de prendre conscience de cette réalité, car elle vous aidera à façonner votre vie et celle des personnes qui vous entourent. En psychologie sociale, on parle de «l'effet du témoin». En 1964, Kitty Genovese fut poignardée à mort par un violeur et un tueur en série. L'attaque dura plus d'une demi-heure. Selon les journaux, au moins 38 personnes furent témoins du meurtre sans intervenir et sans prévenir la police. Il est clair que la peur joua un rôle majeur dans ce cas extrême. Mais cet exemple montre aussi que chaque individu tend à modeler son comportement sur celui des personnes qui l'entourent et que ce modèle s'exprime par des vibrations émotives.

Cette transmission à distance de vibrations ou de sentiments par les émotions correspond à un phénomène d'induction. Il était palpable chez Gandhi et Martin Luther King Jr. quand ils dynamisaient les foules et inspiraient celles-ci à œuvrer pacifiquement pour la défense des droits humains. Cette induction est souvent ressentie lors d'événements sportifs, que notre équipe soit gagnante ou perdante. Elle joue un très grand rôle dans les manifestations d'exaltation publique, et aussi quand l'humeur change et que ce délire collectif tourne à l'émeute et au pillage.

Pour les Japonais, les vibrations des mots résident en un esprit appelé Kotodama. Parce que les mots exercent une telle influence sur la vie quotidienne, un médecin du nom de Masaru Emoto a conçu une expérience pour mesurer physiquement les vibrations émotives et voir à quoi elles ressemblent. Comme le corps humain est principalement composé d'eau, il s'est dit qu'une des meilleures façons de mettre ses théories sur les vibrations émotives à l'épreuve serait d'utiliser de l'eau.

Le Dr Emoto a photographié des cristaux de glace qui avaient été exposés à différents styles de musique. L'eau qui avait «écouté» du Beethoven et du Mozart formait de magnifiques cristaux réguliers, tandis que l'eau exposée à du *heavy metal* avait des cristaux fragmentés, cassés ou inexistants. Curieux, le Dr Emoto a poursuivi l'expérience, cette fois en remplaçant la musique par des mots. Les résultats obtenus furent similaires. Les cristaux provenant d'eau contenue dans des bouteilles exposées à des mots à haute fréquence tels que « merci » et « gratitude » étaient jolis et bien proportionnés, tandis que les cristaux provenant d'eau contenue dans des bouteilles exposées à des mots de vibration moindre tels que « stupide » et « idiot » étaient morcelés, voire insignifiants. De plus en plus intrigué, il s'est demandé ce qui arriverait s'il utilisait des langues telles que le chinois, l'anglais, le français, l'allemand, l'italien et le coréen. Les résultats furent identiques. Quelle que soit la langue, les mots à haute fréquence produisaient régulièrement des cristaux « sains », tandis que le vocabulaire haineux ou méchant produisait des cristaux incomplets et « malades ».

Il en a conclu que les mots exercent une très forte influence sur les gens. La haute fréquence des mots positifs peut améliorer l'état général, tandis que les vibrations de mots négatifs ont un pouvoir destructeur. Si l'on songe au fait que le corps humain est en grande partie constitué d'eau, on comprend que les mots puissent exercer sur nous une très grande influence.

Au commencement était le Verbe. Je crois que l'Univers se sert de vibrations pour concevoir des mots.

Le Dr Emoto a publié ses découvertes dans un livre intitulé *Les messages cachés de l'eau*, dont l'édition en langue anglaise a figuré sur la liste des best-sellers du *New York Times.* Dans son livre, il fait aussi appel au principe d'Analogie, affirmant que l'eau reflète le monde extérieur : « Nous savons que ce qui est possible en nous-même est effectivement possible. Il suffit de le vouloir. Ce que nous imaginons devient notre univers. C'est là une des nombreuses vérités que l'eau m'a enseignées. »

Comme le cristal qui éclate quand on l'expose à des vibrations de très haute fréquence, ou comme l'aliment qu'on réchauffe au micro-ondes prend feu s'il est exposé à de trop fortes vibrations, l'être humain possède une zone de confort vibratoire. Quand quelque chose nous émeut, nous disons souvent que cela « trouve un écho » en nous, ou « touche notre corde sensible », évoquant par là l'idée de vibration. Nous aimons certains parfums, certains lieux ou certaines personnes parce qu'ils sont en harmonie avec nous, parce que leur fréquence vibratoire s'accorde à la nôtre. Les gens et les choses qui nous déplaisent émettent un schéma vibratoire différent du nôtre. Curieusement, la distance ne semble pas agir sur les vibrations. Il importe peu que l'on soit à dix kilomètres ou à dix mille kilomètres des gens ou des lieux qui vibrent à la même fréquence que nous, parce que les lois universelles l'emportent sur la distance. En fait, pour les chercheurs du National Radio Astronomy Observatory, à Green Bank, en Virginie-Occidentale, les fréquences des ondes radioélectriques sont indispensables à l'exploration de l'espace. Il se pourrait bien qu'un jour la fréquence vibratoire nous amène à découvrir la vie sur d'autres planètes !

Ici aussi, sur Terre, nous sommes constamment entourés de vibrations. Il n'y a pas que les mots et les émotions qui en produisent. Les réfrigérateurs, les ampoules électriques, les appareils de chauffage et de climatisation, et même les ordinateurs et les téléphones cellulaires vibrent. Puisque tout émet une vibration, tout émet un son. Nous le ressentons même s'il est inaudible. Plusieurs études effectuées par des groupes tels que l'Institut royal de technologie, en Suède, et l'Université de la

Colombie-Britannique, au Canada, ont montré qu'en milieu de travail les vibrations à peine perceptible de l'éclairage ou le bourdonnement étouffé des ordinateurs, des systèmes de chauffage et de climatisation, et celui des rafraîchisseurs d'eau font chuter le taux vibratoire des travailleurs après une exposition prolongée. Il s'ensuit de l'irritabilité, une baisse de productivité et, parfois, des épisodes de violence au travail. Réciproquement, qui n'a pas ressenti un profond bien-être à se trouver dehors par une belle journée ensoleillée au milieu des chants d'oiseaux? Ces choses, qui font partie de notre code vibratoire, trouvent un écho en nous.

Ainsi que le montrent mes expériences précédentes, si on associe des mots dont la fréquence vibratoire diffère pour chacun, ils se transforment en énergie destructrice incapable d'embellir la vie.

En 1989, le scientifique Warren Hamerman publia dans la revue *21st Century Science and Technology* un article où il affirme que la matière organique vibre à une fréquence de 42 octaves au-dessus du do central. Il put déduire de ce fait que la vibration des êtres humains est d'environ 570 billions d'oscillations à la seconde. Il semblerait en outre que nous soyons la seule espèce animale capable d'unir nos vibrations à celles des autres espèces et à celles de toutes les manifestations de la nature. Dans la culture chinoise, cette énergie vibratoire correspond au Qi (prononcé « tchi »), et dans la culture indienne, elle correspond aux chakras.

La musique est le moyen le plus simple de ressentir des vibrations. La musique est la seule forme de communication, c'est-à-dire de vibration, qui ne nécessite aucune traduction pour être comprise par tous. L'auteur-compositeur-interprète maintenant décédé, John Denver, résumait ainsi ce phénomène : « La musique nous rassemble. Elle nous fait partager les mêmes émotions. Nous sommes tous égaux en esprit et dans nos cœurs. Quelle que soit notre langue, la couleur de notre peau, notre système politique ou l'expression de notre amour et de notre foi, la musique dit : "Nous sommes tous égaux". »

Il se peut que la musique soit facilement comprise par tous parce que ses vibrations et celles des émotions s'accordent, si bien que les notes de musique deviennent des courroies de transmission. Avez-vous déjà ressenti un élan de patriotisme en entendant l'hymne national de votre pays ? Avez-vous déjà été ému aux larmes en écoutant un air d'opéra ?

La force de la musique est telle, qu'au Moyen Âge, l'Église catholique a banni un certain nombre d'accords mineurs (dont il a été prouvé récemment que leurs vibrations ont une très basse fréquence) sous prétexte qu'ils étaient contraires à la loi, dangereux, voire sataniques.

Les mères savent depuis des millénaires qu'en chantant elles apaisent leur bébé. Depuis quelque temps, la musicothérapie est utilisée dans toutes sortes de situations, que ce soit pour calmer des animaux effrayés, par exemple des chevaux de course trop nerveux, ou pour aider des enfants autistes. Les créateurs d'entreprises connaissent aussi les vertus des vibrations apaisantes. Pourquoi y a-t-il si souvent un arrière-fond de musique douce dans les restaurants et les magasins ? Les entrepreneurs savent que ces vibrations positives incitent les clients à rester plus longtemps et à dépenser davantage.

La musique n'est pas seule à émettre des vibrations persuasives ; c'est également le cas des couleurs. Le rouge a la longueur d'onde la plus courte, tandis que celle du violet est la plus longue. C'est pourquoi les propriétaires de boîtes de nuit intègrent du rouge et du noir à leur décor pour dynamiser la clientèle, tandis que les hôpitaux optent plutôt pour des couleurs neutres qui détendent les patients.

D'un point de vue purement technique, il faut savoir que le système visuel humain ne perçoit que les trois cent millièmes des longueurs d'ondes du spectre lumineux. Si nos yeux pouvaient en détecter davantage, nous verrions sans doute les vibrations et les couleurs qui composent les rayons gamma, les rayons X, les ondes radioélectriques, les ondes émises par les satellites, ainsi que les rayons ultraviolets et l'infrarouge. N'est-ce pas fascinant?

Les Trois Initiés croyaient que la science, ayant démontré que le plan physique est constitué de matière vibratoire, découvrirait tôt ou tard que c'est aussi le cas des plans mental et spirituel.

Il se pourrait que la science rattrape enfin la sagesse ancienne. Selon une étude publiée dans la livraison du 25 octobre 1999 de la revue *Archives of Internal Medicine*, la prière (qui est une forme d'énergie spirituelle) est efficace, peu importe que l'on prie pour des personnes que l'on connaît ou pour des inconnus. En outre, cette efficacité ne semble pas décroître quand les patients ignorent qu'on prie pour eux. Plus récemment, le National Institute of Health a accordé plusieurs millions de dollars en subventions de recherche au docteur Elizabeth Targ, psychiatre et chercheur, pour étudier les effets de la prière sur les patients atteints de cancer ou du virus du sida. Elle a aussi conduit des explorations scientifiques dans le domaine de la guérison à distance (vibration spirituelle) auprès de chrétiens, de bouddhistes, de juifs et de chamans amérindiens. Les personnes qui étaient l'objet de ces prières étaient malades moins souvent, consultaient moins souvent un médecin, étaient hospitalisées moins souvent et leur état d'esprit était dans l'ensemble meilleur que chez le groupe témoin qui n'était pas l'objet de prières d'intercession.

Puisque le principe de Vibration obéit aux normes universelles plutôt qu'aux lois de la physique, il peut parfois sembler défier certaines notions telles que l'espace-temps et la loi de la gravitation. Mais la physique quantique a déjà démontré que le principe de Vibration s'exerce sur les plans supérieurs du mental et du spirituel. (Je demande par avance à mes amis physiciens de me pardonner pour cette explication un peu simpliste. Mon intention étant de transmettre ici les grandes lignes d'un concept, je les prie d'excuser la brièveté de mon propos.) Pour faire cette démonstration, les scientifiques ont eu recours à l'expérience des fentes. Ils ont projeté des électrons sur un écran muni de deux fentes, pensant que ces électrons reproduiraient sur un panneau placé de l'autre côté le même motif. Mais le schéma à l'arrivée était complètement différent du schéma de départ. Encore plus curieusement, les chercheurs ont constaté que le retrait de l'écran plusieurs semaines, voire plusieurs mois après la conclusion de cette expérience, suffisait à en modifier les résultats obtenus précédemment ! Peu importe le nombre de fois où ils ont refait l'exercice, chaque retrait de l'écran modifiait systématiquement le résultat d'une expérience précédemment conclue. Cela signifie qu'une décision ultérieure peut modifier un événement passé, ou qu'un objet physique peut se trouver à deux endroits en même temps !

Cette expérience a jeté les bases d'études qui montrent que l'énergie quantique, ou les vibrations quantiques qui constituent notre façon de penser et d'agir ne sont pas limitées par le temps et l'espace. Elles se manifestent autant dans le passé et dans l'avenir que dans le présent.

Le Dr Valerie Hunt, octogénaire et professeur émérite de physiologie à UCLA, a étudié le cerveau humain durant toute sa carrière. Elle dit : « C'est le cerveau qui fait l'expérience de quelque chose et c'est encore le cerveau qui enregistre cette expérience. [...] Le cerveau est le siège de la mémoire, mais c'est le mental qui prend des décisions. Le mental est autonome et renferme la volonté de l'humanité. »

Elle dit que, par conséquent, l'imagination, la créativité, l'intuition et la spiritualité n'existent pas dans la matière organique du cerveau, mais prennent leur source ailleurs. Malgré tout ce que nous savons déjà du cerveau, nous ne parvenons pas encore à expliquer à quoi sont dus les états de conscience altérés.

Valerie Hunt affirme que ces aptitudes contribuent à la formation du champ d'énergie qui nous entoure et qui véhicule des informations à une fréquence de mille à dix mille fois supérieure par seconde à celles des données transmises par le cerveau. Selon le Dr Hunt, tout comme les cristaux de glace du Dr Emoto, les vibrations qu'émettent nos champs énergétiques sont synchronisées et cohérentes lorsque ces champs d'énergie sont sains, et elles sont instables quand ces champs d'énergie sont malades.

Dans son ouvrage intitulé *Mind Mastery Meditations*, elle enseigne au lecteur à exploiter son énergie ou ses vibrations pour apaiser les souffrances dues à un traumatisme, une chirurgie ou une maladie: « Le mental est le plus extraordinaire instrument que nous ayons jamais eu. Tous les progrès de la science reproduisent les capacités du mental. Il faut cesser de mettre en doute la télépathie et la connaissance intuitive, car ces modes de savoir seront courants dans le futur. »

Toute cette information sur le principe de Vibration est fascinante, car elle signifie que nous pouvons réellement façonner notre univers à notre guise en augmentant notre fréquence vibratoire. Pour y parvenir, nous devons analyser nos émotions et les comprendre. Si quelque chose nous rend malheureux, cela est dû à un défaut d'alignement avec nos vibrations. Pour remédier à cette situation, la première étape consiste à admettre que nous ne pouvons sans doute rien changer aux autres et à leurs comportements, mais que nous pouvons changer notre perception. Mais attention: c'est un processus cumulatif. Ce n'est pas une solution miracle qui nous fait passer de 0 à 140 km/h en 6 secondes.

Prenons cet exemple: un membre de la famille est en voyage. Son absence vous rend triste. Vous ne retrouverez sans doute pas instantanément votre joie de vivre après son départ, mais efforcez-vous de penser à quelque chose qui vous hisse un petit peu au-dessus de la tristesse. Au lieu de déplorer l'absence de l'être cher, dites-vous que chaque jour qui passe hâte son retour. Voilà que vous n'êtes plus triste, seulement un peu mélancolique. Dites-vous ensuite que cette absence vous rendra plus cher à ses yeux. Votre mélancolie s'estompe et fait place à une sorte de neutralité. La vie n'est pas enchanteresse sans cette personne, mais elle n'est pas trop vilaine non plus. Vous survivrez. Ensuite, essayez de vous dire que cette absence est pour elle une occasion de mûrir, d'apprendre et, pourquoi pas, de s'amuser un brin. Pourquoi ne pas en profiter pour faire de même ? Vous aurez ainsi des choses intéressantes à lui raconter à son retour. De toute façon, une petite distraction vous aidera à ne pas sombrer dans la détresse. Bien. Vous décidez de sortir avec des amis et de passer un bon moment avec eux. Bientôt, vous riez, vous êtes d'excellente humeur, le temps file. Et maintenant, l'absent est de retour !

Faites la fête, écoutez de la musique qui s'harmonise à vos vibrations, entourez-vous de couleurs qui vous exaltent, consommez des aliments en accord avec votre organisme. Chaque jour vous offre l'occasion de faire un pas de plus vers une réalité qui correspond à vos vibrations supérieures. Ainsi que le chantaient les Beach Boys dans un de leurs plus grands succès, il s'agit de « capter de bonnes vibrations ».

CHAPITRE 5

À toute chose son contraire

Une pluie torrentielle et glacée tombait et faisait de ma fenêtre habituellement ensoleillée le matin une plaque sale de couleur anthracite. Pendant que la tempête faisait rage, l'appareil de radio portatif sur mon bureau crachait une chanson des Beatles: « You say yes, I say no / You say stop and I say go, go, go / Oh no, You say goodbye and I say hello... » (Tu dis oui, je dis non / Tu dis stop, je dis va, va, va / Oh non, tu dis adieu, je dis allô...). Je tapais sur le clavier de l'ordinateur en battant la mesure.

Un éclair déchira le ciel et illumina mon bureau juste avant qu'un bang supersonique ne plonge la pièce dans le silence et le noir total. J'attendis dans la luminescence de l'écran que la lumière revienne. « Dieu merci, mon ordinateur fonctionne sur pile, sans quoi j'aurais tout perdu », me dis-je. De longues minutes passèrent sans que l'électricité ne revienne.

Depuis que j'avais eu une révélation pendant mon discours sur les « bonnes vibrations », je me disais que la mission que je m'étais donnée de trouver et de transmettre le MétaSecret n'était pas encore achevée. Pour vraiment partager mon expérience et mon savoir, je devais écrire un livre. Cette perspective m'exaltait et j'en ronronnais presque. L'ennui est que l'Univers semblait me mettre des tas de bâtons dans les roues. Mais était-ce bien le cas? Ne venais-je pas tout juste de dire que la panne ne m'empêchait pas travailler?

J'ai allumé une bougie et j'ai tapé « Le principe de Polarité ». Puis, je me suis mis à rigoler face à l'ironie de la chose. À l'instant où je m'apprêtais à expliquer la quatrième loi universelle, celle-ci se manifestait: pluie et soleil, lumière et obscurité, son et silence, énergie et immobilité.

Bien sûr, ce principe se manifeste aussi de nombreuses autres façons. Le principe de Polarité porte aussi parfois le nom de principe de Pragmatisme. Cette loi dit que tout est double, que tout a deux pôles, ce qui signifie que les contraires possèdent une même nature, mais à des degrés différents. Le thermomètre au mercure en est un bon exemple. Au lieu d'un thermomètre, voyons-y les deux pôles d'une même température. D'un côté se situe la mesure du froid extrême, de l'autre, la mesure du point d'ébullition. Entre les deux, il y a différents degrés d'une même chose, qui vont du froid au chaud. En prenant zéro comme point de départ, nous savons que la température sera froide. Mais à mesure que la température monte, le froid se transforme en chaleur jusqu'à devenir intolérable. Autrement dit, le froid et le chaud ont une même nature, ils appartiennent tous deux au domaine de la température, et ils ne se distinguent que par une différence de degrés. Il en va ainsi pour tout : amour et haine, richesse et pauvreté, éloignement et proximité. Si vous vous mettiez en marche et que vous étiez doté d'une force surhumaine grâce à laquelle vous pourriez franchir à pied tous les obstacles et tous les océans, tôt ou tard vous reviendriez exactement à votre point de départ !

Le fait de reconnaître le divin en soi produit un double effet. D'une part, c'est une grande leçon d'humilité : qui, parmi nous, peut approcher la perfection divine ? Qui fait réellement fructifier les talents que Dieu lui a donnés ? Qui actualise toutes ses potentialités ?

C'est très intimidant, mais c'est aussi très inspirant. C'est vivifiant de se dire : En tant qu'être humain, je peux approcher la perfection divine. Je ne suis pas Dieu, et je ne me prends certes pas pour Dieu, mais je peux essayer de Lui ressembler. Je peux manifester une bonté qui se répercutera dans le monde. Je peux, comme Dieu, utiliser le langage pour créer quelque chose.

Le principe de Polarité trouve une représentation parfaite dans le symbole du yin et du yang : noir et blanc, positif et négatif. Ce symbole est particulièrement intéressant parce qu'il évoque beaucoup d'autres lois universelles. Le yin porte en lui le germe du yang, et le yang porte en lui le germe du yin (le petit point de couleur contrastante dans chaque figure). Ils sont liés entre eux comme nous sommes tous liés, ainsi que nous l'avons appris dans le chapitre sur le Mentalisme. Le symbole du yin et du yang évoque aussi le principe de Vibration, car les deux figures, en s'imbriquant l'une dans l'autre, en forment une troisième, celle de la création. Voilà qui nous ramène au thème des trois plans, physique, mental et spirituel ; de Dieu en trois personnes, le Père, le Fils et le Saint-Esprit ; à la trinité Terre, Ciel, Enfer, et ainsi de suite. Le yin et le yang évoquent en outre un principe que nous étudierons dans un chapitre ultérieur, le principe de Genre. Le yin est associé à la nature féminine, et le yang à la nature masculine. Le yang est la pensée créatrice, tandis que le yin est le vaisseau d'énergie positive par lequel le yang est attiré. Ces deux concepts doivent œuvrer de concert pour se répercuter et se concrétiser.

Une légende africaine illustre ce qui se passe lorsqu'on échoue à concilier les contraires du principe de Polarité. Il était une fois une hyène affamée. Comme elle n'avait pas mangé depuis plusieurs jours, elle ne crut pas à sa chance quand, parvenue à un embranchement, elle vit qu'au bout de chacun des sentiers une chèvre était prise au piège dans les buissons. Comme toutes ses congénères, cette hyène était opportuniste, mais elle hissa ce trait à un tout autre échelon. « Pourquoi me contenter d'un sentier, songea-t-elle, quand je peux parcourir les deux ? » Elle posa sa patte avant et sa patte arrière gauche sur le sentier de gauche, et ensuite sa patte avant et sa patte arrière droite sur le sentier de droite, et elle se mit à marcher. Comme les sentiers s'écartaient de plus en plus l'autre et qu'elle voulait les suivre tous les deux en même temps, elle fut écartelée !

Ce conte nous met en garde contre l'avidité, certes, mais il nous enseigne aussi à nous conformer au principe de Polarité, à ne pas y déroger, pour obtenir ce dont nous avons besoin ou ce que nous voulons. Puisque tout a deux extrêmes, quelle que soit la gravité du problème auquel nous sommes confrontés, nous trouverons une solution si nous savons parcourir les degrés de ce pôle.

Le principe de Polarité a ceci de bon : quelle que soit l'obscurité qui nous entoure, la possibilité de la lumière existe aussi. Par conséquent, même les situations les plus désespérées ont une solution. Cette solution pourrait ne pas être celle que vous préférez ou celle que vous attendiez, mais elle existe bel et bien.

> **Les Trois Initiés ont enrichi ce principe du commentaire suivant :**
> On remarquera également que [...] le Pôle positif semble d'un degré supérieur au Pôle négatif et qu'il le domine. La nature tend à accorder l'activité dominante au Pôle positif. [...] L'étudiant verra que [ses états mentaux] sont tous des questions de degrés et, par suite, il deviendra capable d'élever ou d'abaisser ses vibrations à volonté, de modifier sa polarité et ainsi d'être Maître de ses états mentaux au lieu d'être leur servant et leur esclave.

Le principe de Polarité est également vu comme un paradoxe, car si tout a deux extrêmes, on peut dire que toute vérité n'est qu'une demi-vérité, et que, puisque tout n'est vrai qu'à moitié, tout peut être concilié.

Cela signifie également que, quel que soit le point du spectre où vous vous trouviez, vous pouvez vous déplacer vers celui des deux pôles qui saura le mieux répondre à vos attentes. La clé consiste à assumer entièrement la responsabilité de votre déplacement et de sa direction. Une seule chose détermine votre direction : votre décision ou l'ensemble de vos décisions. Par exemple, vous possédez toutes les aptitudes nécessaires à une promotion, mais faites-vous tout en votre pouvoir pour l'obtenir ? Êtes-vous aimable envers vos collègues, ou n'avez-vous de cesse de leur faire croire avec fatuité que vous êtes plus intelligent qu'eux ?

Une des polarités les plus négligées en matière de responsabilité personnelle est l'acceptation. L'acceptation est le contraire de la résistance. Accepter ne signifie pas tolérer les mauvais traitements ou la médiocrité, ni se résigner au statu quo plutôt que de tendre vers la réalisation de ses potentialités. En acceptant ce qui vous arrive, vous n'opposez pas de résistance à la vie. Si vous acceptez une situation, vous vous rapprochez doucement de son pôle positif. Conformément à la loi de l'Attraction, vous commencez alors à attirer vers vous ce dont vous avez besoin. Quand vous acceptez une situation, vous vous concentrez sur les moyens à prendre pour atteindre votre objectif au lieu de ne penser qu'à ce qui vous manque, à ce qui ne répond pas à vos attentes ou à vos désirs. Nous avons abordé cette question dans le chapitre précédent avec l'exemple de l'être cher en voyage.

N'oubliez pas que si vous vous concentrez sur le négatif, vous abaissez à chaque fois votre position de quelques degrés sur l'échelle des polarités. Il suffit de très peu de temps pour que votre situation se dégrade à force de pensées négatives. Chaque fois qu'une pensée sombre vous vient à l'esprit, remplacez-la par une pensée un tout petit peu plus optimiste. N'essayez pas de vous hisser à un niveau encore hors de votre portée, et contentez-vous de vous élever à un ou deux degrés au-dessus de votre état mental actuel.

Pour prendre l'habitude de la pensée positive, rien ne vaut un petit jeu auquel on peut s'adonner quand on est pris dans un bouchon de circulation, quand on fait la queue, ou quand on a quelques minutes à soi. Regardez autour de vous et énumérez le plus grand nombre possible de choses qui vous plaisent ou qui vous semblent positives. Faites preuve d'imagination ; il y a du bon partout, même dans un petit détail, par exemple la couleur du mur qui vous rappelle votre couverture fétiche ou les cheveux de votre grand-mère.

À chaque instant, chacun de vos choix façonne votre vie !

Le principe de Polarité est aussi contagieux que le principe de Vibration. Vous pouvez transformer la polarité des autres en transformant la vôtre. Combien de fois un compliment vous a-t-il remonté le moral ? Combien de fois une impolitesse vous a-t-elle abattu ? Voyez le bien en autrui et sachez en tirer parti. Soyez un peu plus aimable. Offrez un compliment à quelqu'un. Souriez ! La réciprocité de ces attitudes vous étonnera. Il y a quelques années, un film s'est penché sur cette question. Son titre ? *Payez au suivant.* Le jeune Trevor McKinney, âgé de douze ans, est intrigué par le devoir que son professeur donne aux élèves de sa classe : trouver une idée visant à rendre le monde meilleur et mettre cette idée en pratique. Trevor décide de « payer au suivant » en rendant service à trois personnes, non pas pour rembourser des gentillesses passées, mais pour leur faire plaisir. En retour, il demande à chacune de venir en aide à trois autres personnes, et ainsi de suite. Au début, Trevor craint d'échouer, mais son idée a un succès retentissant : une des personnes qui a bénéficié d'une bonne action se trouve à boucler la boucle en revenant à Trevor, l'initiateur du projet.

Bien sûr, la vie n'est jamais aussi belle qu'Hollywood la présente. Elle est rarement bien emballée dans du joli papier et ornée d'une faveur. Mais c'est quand même un cadeau. Je sais que la cruauté existe et que certaines personnes se comportent mal, mais une fois cette réalité admise, si l'on choisit quand même de voir le beau côté des choses, on commence à transformer sa propre réalité, à attirer à soi des circonstances positives et à voir la vie avec optimisme.

Pour être heureux, il faut comprendre un certain nombre de choses : le bonheur et sa quête sont des processus. On ne devient pas heureux d'un seul coup, et voilà, c'est tout, c'est fait. On est toujours, jour après jour, en train d'accéder au bonheur.

Pour y arriver, il faut comprendre à fond ce qui nous rend heureux et l'intégrer à notre quotidien. Il faut se souvenir de ceci, qui est important : accéder au bonheur, c'est aussi le partager avec les autres. Plus nous donnons du bonheur, plus nous apprenons aux autres à devenir heureux et comblés, plus nous sommes heureux et comblés ! Persistez dans votre quête de plénitude et vous serez encore plus heureux.

Le principe de Polarité se répand aussi dans le domaine de la santé. Le National Institute of Health reconnaît maintenant le bien-fondé de la thérapie de la polarité pour aider les personnes aux prises avec toutes sortes d'ennuis de santé à rééquilibrer leurs différents systèmes énergétiques. Cette thérapie a été mise au point dans les années 1940 par le Dr Randolph Stone, qui croyait que certaines techniques relevant du massage doux pouvaient harmoniser l'énergie vitale de l'organisme et la remettre en action lorsqu'elle est bloquée, interrompue ou déséquilibrée par le stress, qui est une des causes de la souffrance et de la maladie. Il a en partie fondé sa thérapie sur la médecine ayurvédique, qui concentre son action sur les chakras. Pour aider le patient à se libérer du stress, le praticien opère de légères pressions sur différentes polarités du corps. D'un point de vue scientifique, ces pressions interviennent sur les courants électromagnétiques longitudinaux, transverses et giratoires de l'organisme. Différents traitements agissent sur les zones du corps liées au physique, au mental et aux émotions. La thérapie de la polarité tire son nom du mouvement d'expansion et de contraction de l'énergie vitale quand elle s'éloigne du cœur et y revient.

Un deuxième aspect du principe de Polarité est associé au cœur: la notion de reconnaissance. Certes, on croit que l'humanité serait meilleure si elle était exempte de certaines polarités, mais pourrions-nous vraiment apprécier la bienveillance d'un être cher si nous ignorions tout de l'hostilité qui règne dans le monde? Une certaine reconnaissance nous animerait, certes, mais nous ne serions jamais réellement conscients de la valeur d'un geste aimable. Si la pauvreté n'existait pas, tiendrions-nous la richesse pour acquise ou serions-nous capables de l'apprécier à sa juste valeur? Si nous étions immortels, saurions-nous vraiment à quel point vivre est merveilleux?

Il existe une légende urbaine qu'Albert Einstein aurait lancée, du temps qu'il était étudiant. Ce n'est qu'une légende, mais elle illustre magnifiquement bien le principe de Polarité.

«Dieu est-il le Créateur de toute chose?» demande un professeur à ses étudiants.

«Évidemment, oui», répond avec assurance un jeune homme au physique d'athlète.

«Vraiment?» fait le prof, en inclinant un peu la tête de côté. «Eh bien», poursuit-il en faisant les cent pas devant son pupitre, «si c'est le cas, et selon les principes à l'œuvre ici, si Dieu est le Créateur de toute chose, Il a aussi créé le mal, puisque le mal existe bel et bien. Cela voudrait dire, par conséquent, que Dieu lui-même est maléfique puisque tout le créé fait partie de Dieu.»

Mal à l'aise, les étudiants s'agitent sur leur chaise, pendant que le professeur continue son exposé d'un air omniscient.

« Voyez-vous, la foi n'est qu'un mythe, une fable à laquelle croient les gens incultes pour se sentir bien dans leur peau. Les gens instruits savent que Dieu n'existe pas, car s'Il existait, le mal n'existerait pas. »

Une jeune femme assise dans la première rangée lève timidement la main.

« Quoi ? » fait le professeur, agacé.

« Puis-je vous poser une question ? »

Le professeur, qui adore se moquer des étudiants moins intelligents que les autres, acquiesce.

« Est-ce que le froid existe ? »

Ricanements généralisés.

« Bien sûr que si ! » fait le professeur, se rengorgeant.

La jeune femme secoue la tête. « En fait, non, il n'existe pas. Selon les lois de la physique, le froid n'est que l'absence de chaleur. Toute matière peut transmettre de l'énergie, et la chaleur est ce qui rend cette transmission possible. Mais toute matière qui atteint le zéro absolu devient inerte. Le froid n'est qu'un mot, celui que nous avons inventé pour expliquer l'absence de toute chaleur. »

« D'accord », fait le professeur, ne sachant trop où elle veut en venir.

« Le mal est comme le froid, poursuit-elle. Le mal en soi n'existe pas. Il est un concept humain, un terme que nous utilisons quand nous ressentons l'absence de Dieu. »

On n'échappe pas au principe de Polarité et on ne le déjoue pas, car c'est une loi universelle. Il est, et ainsi il agit, sans aucun préjugé. Lorsqu'on comprend bien les contraires, les deux pôles, ce principe suscite notre admiration et notre respect. L'aspect le plus merveilleux de tout cela est que c'est nous qui décidons à quel degré de polarité nous voulons vivre, et qui agissons en conséquence.

Comme en écho à mes propos, les rayons du soleil réchauffèrent mon clavier. Levant les yeux, je vis que le ciel était d'un magnifique bleu pervenche.

« Ouais… », me dis-je, en souriant. « La polarité en pleine action ! »

Chapitre 6

Laissez-vous porter par le courant

Remontons dans le temps. Les épaulettes larges et les cravates étroites sont à la mode; la minijupe et la coiffure souple sont obligatoires! Nous sommes en 1991. La première guerre du Golfe vient de commencer, un nouveau jeu vidéo, *Sonic, le hérisson,* a été lancé dans le monde entier, et le US Senate Committee on Aging (Comité du Sénat américain sur le vieillissement de la population) va bientôt recevoir une leçon sur le cinquième principe hermétique de la part de Mickey Hart, le batteur des Greateful Dead. Vêtu d'un veston fauve et d'une chemise rayée, le percussionniste ressemble beaucoup plus à un diplomate qu'à une grande vedette internationale du rock. Avec plus de 40 ans d'expérience musicale à son crédit, il présente au comité un exposé sur le principe de Rythme et sur la façon dont celui-ci vient en aide aux personnes âgées. L'auditoire attentif se tait tandis qu'il rythme son propos en tapotant la table:

> Tout ce qui existe possède un rythme et un motif rythmique. Notre corps est une machine rythmique tridimensionnelle où tout est animé de pulsations synchrones, de la fonction digestive des intestins à l'activité neuronale du cerveau. Le système cardiovasculaire, soit le cœur et les poumons, fixe le rythme de base de l'organisme. Le cœur a entre soixante et quatre-vingts battements par minute, tandis que les poumons se remplissent et se vident d'air de 14 à 18 fois par minute. Tout cela a lieu sur le plan de l'inconscient. Mais avec l'âge, il arrive que les rythmes corporels se détraquent. Et il devient tout à coup très important, crucial même, de retrouver le rythme perdu.

Mickey Hart dit aux chics hommes politiques présents que ce rythme est aussi perceptible dans la nature, dans les migrations d'oiseaux, le changement des saisons, les cycles de vie et de mort. Le rythme est la mesure qui accompagne tout changement dans son parcours temporel. Si l'on comprend le rythme et si on se laisse porter par lui, on préserve son bien-être mental, physique et spirituel.

Pendant qu'il poursuit sa leçon, je constate avec émerveillement que le principe de Rythme rassemble en un tout les principes de Correspondance, de Vibration et de Polarité : ces principes dépendent les uns des autres tout en étant autonomes, ils fluctuent et suivent le courant de l'Univers.

Il y a près de 30 000 ans, les chamans connaissaient déjà ce rythme universel. Les battements de tambour représentent la plus ancienne forme de guérison. Ce rapport entre le corps et le rythme est pratiqué depuis la nuit des temps dans presque toutes les sociétés humaines. Les battements simples et répétitifs aident le chaman à transformer subtilement la vibration du patient en résonnant à l'unisson avec ses systèmes physique, psychologique et spirituel. Tout comme un diapason fait vibrer un instrument à cordes à une fréquence définie, le battement rythmique du tambour « accorde » le corps.

La science a maintenant démontré l'effet thérapeutique de certains instruments de musique. L'on sait, par exemple, que le tambour stimule le système immunitaire et qu'il apaise les patients souffrant de la maladie d'Alzheimer et les enfants autistes. La harpe, également, ralentit les ondes cérébrales jusqu'à la fourchette alpha, apportant ainsi un soulagement à l'anxiété, à la dépression et à la peur.

En 1994, le musicothérapeute Barry Bernstein a participé à la création d'un nouveau programme de mieux-être appelé *Unity with a Beat*! – autrement dit, L'unité par le rythme – pour sensibiliser les gens au rapport entre rythme et santé. Plusieurs sociétés ont eu recours à son programme de mieux-être dans l'entreprise, notamment Bayer Agricultural, Novus, Monsanto, Shell Oil Company et Sprint.

L'objectif premier de ces thérapies par le rythme est de promouvoir la santé physique, mais bon nombre d'individus s'intéressent à nouveau à leur rythme intérieur et sont attirés par le rythme primitif des cercles de tambours pour des raisons intellectuelles ou spirituelles. Ainsi que nous l'avons vu précédemment, la vibration est tout ce qui distingue les différents plans de l'existence. Le tambourinage peut donc nous élever à un niveau supérieur de conscience. Nous avons également vu que l'énergie collective est contagieuse. L'interaction positive d'un cercle de tambour peut par conséquent nous élever à un niveau supérieur de conscience. Dans son livre intitulé *Shamanism: The Neutral Ecology of Consciousness*, Michael Winkelman nous explique que le tambourinage synchronise le lobe frontal et le lobe occipital du cerveau de façon à fusionner en profondeur l'information non verbale et intuitive, d'une manière qui échappe à la compréhension ordinaire.

De même que les chiens entendent des fréquences de beaucoup supérieures à celles que capte l'oreille humaine, de même que nous sommes entourés de fréquences radioélectriques invisibles, le principe de Rythme bat autour de nous de mille et une façons indiscernables. Ainsi s'expliquent les variations de nos émotions, de nos sentiments et de nos humeurs.

> **Les Trois Initiés décrivent ainsi ce processus :**
> Il y a toujours une action et une réaction, un progrès et un recul, un maximum et un minimum. Il en est ainsi pour tous les éléments de l'Univers, les soleils, les mondes, les hommes, les animaux, l'esprit, l'énergie et la matière. Cette loi se manifeste dans la création et la destruction des mondes, dans le progrès et la décadence des nations, dans la vie de toute chose et enfin dans l'état mental de l'homme.

Si vous êtes très sûr de vous et qu'on vous critique, cela ne vous affectera pas. Mais si vous n'êtes pas sûr de vous et qu'on vous critique, cela vous accablera. Voyez-vous, neuf fois sur dix, la personne qui vous critique est sincère dans son désir de vous aider, mais elle n'a pas appris à communiquer correctement ; elle vous agonit de reproches au lieu de souligner vos traits positifs. Si cette personne n'agit pas ainsi pour vous aider, sa critique est destructrice. Vous faites bien de fuir sa compagnie.

Il ne faut pas se laisser démonter par les reproches qu'une personne nous adresse ni par les moyens qu'elle prend pour nous secourir. Si nous sommes sûrs de nous et que nous savons qui nous sommes, nous acceptons facilement la critique. Si les reproches qu'on nous adresse nous bouleversent, ce ne sont pas ces reproches qui nous accablent, ni l'opinion de la personne qui les formule. C'est notre réaction. Si nous étions réellement sûrs de nous, nous ne réagirions pas.

Le principe de Polarité nous a déjà appris que la structure émotionnelle a deux pôles : le moi supérieur qui sait ce qui nous convient le mieux et qui peut s'élever au-dessus d'une situation donnée même si nous vacillons, et l'ego, ou le petit moi, facilement blessé ou offensé, qui saute aux conclusions et finit presque toujours par créer des problèmes. Tant que nous ne prenons pas pleinement conscience de ces deux extrêmes, nos émotions obéissent, tel un pendule, à un incontrôlable mouvement de va-et-vient. Le principe de Rythme nous dit que ces fluctuations émotives sont prévisibles puisque, selon la première loi de l'Univers, la vie est en perpétuelle transformation. Il n'est cependant pas nécessaire de vivre ces changements comme si, aujourd'hui, des anges nous dorlotaient sur une plage de sable fin au Paradis, et demain, une bande de requins furieux nous entraînaient vers le large. Avec un peu de pratique, on peut échapper aux requins quand tout va mal et se laisser doucement flotter à la surface de l'eau.

Cette recherche d'équilibre porte parfois le nom de « principe de neutralisation ». Les hermétistes s'y habituaient en refusant de se laisser entraîner vers le bas quand tout allait mal, quelle que soit leur position sur l'échelle des polarités. Ils prenaient du recul par rapport aux circonstances, refusant de se laisser entraîner par leur petit moi qui leur aurait dicté de se sentir offensés, irrémédiablement blessés ou accablés au point de vouloir se cacher. Ils ne se reprochaient pas d'éprouver les sentiments qui les animaient, mais ils savaient que, pour progresser, ils devaient laisser leurs émotions monter, accepter de les vivre, puis lâcher prise.

Le principe de Rythme ressemble à l'attrape-doigt chinois. On invite un joueur à insérer un doigt de chaque main dans un tube de paille tissée lâche. Quand il essaie de retirer ses doigts, le tube se contracte. Plus il tire, plus le tube se resserre. La seule façon pour le joueur de dégager ses doigts retenus au piège consiste à permettre au tissage de se relâcher en rapprochant les mains. Plus on combat ou tente d'échapper à des émotions telles la peur, la colère et la souffrance, plus il est difficile de s'en débarrasser.

C'est précisément cela qui est arrivé à la fin du XIXe siècle aux Hatfield et aux McCoy, deux familles vivant à la frontière de la Virginie-Occidentale et du Kentucky. Elles s'étaient jointes à une première vague de colons venus s'installer dans la région, et au début, l'harmonie régna entre elles. Les Hatfield employèrent même plusieurs membres de la famille McCoy dans leur entreprise de bois de charpente. Mais la guerre de Sécession éclata. Les Hatfield combattirent pour la confédération des États du Sud, et les McCoy pour les États du Nord. Vers la fin du conflit, un soldat McCoy fut tué en rentrant chez lui. Le chef du clan Hatfield fut soupçonné du meurtre du jeune homme. Il fut démontré plus tard qu'au moment du meurtre l'accusé était chez lui, retenu au lit par la maladie, mais il était trop tard pour revenir en arrière. Pendant 26 ans, les deux familles se livrèrent une guerre féroce, incendiant leurs propriétés respectives, sabotant leurs entreprises, assaillant des membres de la famille rivale quand ils étaient seuls, allant même jusqu'à tuer femmes et enfants. Ce bain de sang fut tel que les gouverneurs des deux États durent faire appel à leurs milices pour mettre fin à cette vendetta.

Les yogis croient que le principe de Rythme se manifeste dans le troisième chakra, celui du plexus solaire. Les Occidentaux qui disent avoir un pressentiment, une conviction profonde, viscérale, parlent à peu près de la même chose. Quand nous réprimons nos sentiments réels, ils s'enveniment et nous en éprouvons du ressentiment. Nous blâmons les autres, nous leur adressons des reproches : « Si seulement tu… » ou « C'est à cause de toi que je… » Prendre nos responsabilités consiste notamment à reconnaître que nos émotions ne sont imputables qu'à nous seuls, peu importe ce que font les autres. Personne ne peut nous « obliger » à ressentir quoi que ce soit.

Qui n'a pas eu affaire à une personne qui refusait de lui livrer le fond de sa pensée ? Vous lui demandez : « Qu'est-ce qu'il y a ? », et elle vous répond : « Rien. Je t'assure. Ne t'inquiète pas pour moi. » Mais vous savez que c'est faux parce qu'elle a une drôle d'attitude ou parce qu'un tic agite sa paupière. Alors, vous insistez. « J'aimerais vraiment savoir ce quc tu as. » « Mais rien, je te dis. » C'est maintenant absolument flagrant : il y a un problème. Vous vous acharnez. « Je t'en prie. Dis-moi ce qui se passe. » Elle répond : « Je ne veux pas t'embêter avec ça. »

Vous avez peut-être aussi eu affaire à quelqu'un qui, ne demandant rien, attendait néanmoins de vous un geste précis ou la réponse à ses désirs.

Quelle que soit la raison de ce mutisme – vous êtes censé lire dans ses pensées, elle ne souhaite embêter personne, elle cherche à éviter les conflits, et ainsi de suite –, si cette personne persiste à ne rien dire, si elle n'est pas son propre porte-parole, elle ne s'assume pas et ne rend service à personne. Sachez qu'en agissant de la sorte vous n'accumulez pas de bons points et que cela ne suffira pas à vous faire canoniser. C'est à vous qu'il revient de dire ce que vous avez dans la tête et dans le cœur.

Il vous revient aussi de savoir que vos émotions sont normales et de comprendre que ces hauts et ces bas sont inhérents aux rythmes naturels de toute vie humaine. Vous êtes un peu dépressif aujourd'hui et vous n'avez pas envie de socialiser avec vos collègues ? Accordez-vous un peu de répit. Soyez aimable avec eux sans vous sentir obligé de leur faire la conversation. Ce léger recul vous permettra sans doute de vous détendre assez pour vous hisser d'un degré ou deux sur l'échelle du bonheur. Quand on se laisse porter par le courant, c'est-à-dire par le principe de Rythme, la vie est beaucoup plus simple.

On ne nage pas à contre-courant, on n'essaie pas de lutter contre le vent. Pourquoi contrecarrer le principe de Rythme ? Le MétaSecret nous dit qu'obéir au rythme, ce n'est pas se résigner ; c'est être assez sage pour se donner un peu de souplesse afin de s'approcher quand même de son objectif. Après tout, puisque nous attirons ce à quoi nous pensons, si nous déployons toutes nos forces à lutter contre le courant, comment atteindrons-nous jamais notre objectif?

Nous ne pouvons pas résoudre seuls nos problèmes. Nous devons accueillir les autres et leur confier nos espoirs et nos rêves. C'est ainsi que nous nous éveillons les uns les autres à une réalité plus sereine et plus heureuse.

Comme le principe de Polarité, le principe de Rythme nous rappelle que chaque mouvement du pendule doit être suivi par le mouvement contraire. La personne qui connaît l'amertume connaîtra aussi l'amour. La neutralisation pratiquée par les hermétistes est souvent mal comprise : on croit qu'il s'agit d'émousser les émotions jusqu'à ce que le pendule s'immobilise au milieu du spectre. Mais c'est tout le contraire. Ainsi que nous l'a appris le principe de Polarité, pour vraiment apprécier ces dons précieux que sont le bonheur, l'amour et la paix, il faut aussi faire l'expérience de leurs contraires. On peut ensuite s'en distancer quand le pendule s'engage dans une direction qui ne nous convient pas, et se dire qu'il prendra incessamment une direction favorable. Quand nous suivons le courant, nous pouvons accepter sans trop nous en faire que les circonstances ne soient pas idéales et qu'elles ne répondent pas à nos attentes puisque le principe de Rythme nous annonce qu'un changement va bientôt se produire.

Le secret de l'abondance consiste à agir en dépit de la peur. À agir en dépit du doute. À agir en dépit de l'inquiétude. À agir en dépit des inconvénients. À agir en dépit de la confusion. À agir en dépit de tout.

Les Aborigènes d'Australie ont une légende qui raconte comment le rythme participe à la création d'un avenir meilleur. Aux tout premiers temps, une tribu d'Aborigènes vivait dans les montagnes. Leur territoire était luxuriant et fertile, mais à l'ouest, le terrain était plat, sec et désert et, à l'est, il y avait des montagnes aux pentes abruptes et dangereuses. Les villageois étaient inquiets, car il ne pleuvait pas depuis longtemps et leur puits était presque à sec. Si la pluie ne venait pas bientôt, la sécheresse les forcerait à quitter leur beau village. Mais un aîné les réconforta et leur demanda de rester optimistes, car la situation allait bientôt changer.

Cette nuit-là, pendant que tous dormaient, deux hommes rapaces décidèrent de s'emparer du peu d'eau qui restait. Ils en remplirent un *eelamun* (prononcer i-la-moun), un grand vaisseau si lourd qu'ils devaient le porter à deux.

Quand les villageois se réveillèrent, ils virent ce qui s'était passé et ils se mirent très en colère. Mais les aînés leur dirent que la colère n'apaiserait pas leur soif, et ils les défièrent de remédier à la situation. Bientôt, on rassembla une équipe afin de retrouver les voleurs.

Parce que l'*eelamun* était très lourd, les voleurs laissaient des empreintes profondes dans la terre, et il était facile de suivre leur piste. Bientôt, ceux qui étaient partis à leur recherche les rejoignirent. Quand les voleurs s'aperçurent que leurs frères étaient venus reprendre leur eau, ils se mirent à courir. Leurs poursuivants leur lancèrent des javelots pour les arrêter, et l'un des javelots transperça l'*eelamun*. Les voleurs ne s'aperçurent pas que leur précieuse eau s'écoulait. Leurs poursuivants finirent par les rattraper et furent bien déçus de voir qu'il ne restait presque plus d'eau dans l'*eelamun*. Mais ils surent conserver leur optimisme. Les aînés ne leur avaient-ils pas dit qu'un heureux événement se produirait ?

À cette époque, la magie était monnaie courante et les événements curieux étaient assez fréquents. Or, en ramenant les voleurs au village, les hommes constatèrent que, partout où l'eau de l'*eelamun* s'était répandue, des mares d'eau se formaient. Émerveillés par tant d'abondance, les hommes rentrèrent triomphants au village.

Pour punir les voleurs, les aînés métamorphosèrent l'un d'eux en émeu, et l'autre en lézard à langue bleue !

Ainsi, comment pouvez-vous tirer parti du principe de Rythme ? Au lieu de porter immédiatement des jugements de valeur en sautant aux conclusions, détendez-vous et prenez du recul. Ces propos qui vous ont paru offensants ne l'étaient sans doute pas. Le retard de vos amis était peut-être justifié. Vos collègues ont peut-être trouvé une meilleure façon de faire les choses qui vous sera utile plus tard. Lorsqu'on renonce à ses préjugés et qu'on prend un peu de distance face à certaines situations, des explications auxquelles notre petit moi n'avait pas songé surgissent. On comprend, grâce au MétaSecret, que si on refuse la mesquinerie, le blâme et les jugements de valeur, et si on s'ouvre au principe de Rythme, on accède à une certaine sérénité. Certes, les habitudes bien ancrées sont difficiles à perdre, mais un proverbe amérindien nous aide à relativiser les choses : « Quel sera le résultat de vos actions dans sept jours, sept mois, sept ans et même sept générations ? »

Il est possible d'intégrer la sagesse du principe de Rythme à la vie quotidienne. Imaginons qu'un couple tente de concevoir un enfant. Nul n'ignore qu'une femme ne tombe pas enceinte aujourd'hui pour accoucher demain. Le cycle de la gestation dure neuf mois, et le couple rythme sa vie en conséquence. Il leur faut d'abord préparer la chambre du bébé, puis se procurer tout ce dont il aura besoin. Il faut ensuite suivre des cours l'art d'être un parent ou participer à des rencontres prénatales, puis choisir le nom du bébé.

Quand on lance une nouvelle entreprise, on sait qu'elle ne sera rentable tout de suite et qu'il faut se montrer patient. À moins d'avoir une chance exceptionnelle, il ne suffit pas d'avoir pignon sur rue pour que les clients se bousculent au portillon. Il faut du temps et beaucoup de travail pour faire fructifier une entreprise. Mais beaucoup de nouveaux entrepreneurs perdent patience. C'est comme faire cuire du pain en ouvrant constamment la porte du four pour voir s'il est prêt. Il en va de même d'une nouvelle amitié ou d'une nouvelle aptitude. La vie a un rythme. Il faut le respecter.

La maîtrise du plan mental et du plan spirituel obéit tout autant à un rythme que la maîtrise du plan physique. Pour dégauchir sa nature véritable, il faut y mettre le temps. Savoir qui l'on est, ce que l'on veut et comment interagir avec les autres pour atteindre ses objectifs, ce n'est pas quelque chose que l'on fait à la légère. Quand on est attentif à sa sagesse intérieure et que, faisant le silence en soi, on entend les battements de son cœur, on accède à une compréhension du monde qui nous avait échappé jusque-là.

Un proverbe australien résume très bien ce qui précède: « Nous ne sommes que des visiteurs dans l'ici et le maintenant. Nous ne faisons que passer. Notre but consiste à observer, à apprendre, à grandir, à aimer… puis à rentrer chez nous. »

Ou encore, ainsi que le mentionne Mickey Hart dans la conclusion de son exposé devant le US Senate Committee on Aging: « En tant qu'espèce, nous adorons jouer avec le rythme. Le rythme occupe chaque instant de la vie, jusqu'à notre dernier souffle. Quand le rythme s'arrête, nous nous arrêtons avec lui. »

Chapitre 7

Chaque chose en son temps

Les parfums d'encens se mêlaient à une odeur moisie de vieux cuir et de secrets perdus depuis longtemps tandis que je longeais un dédale d'étagères dans une ancienne librairie plongée dans la pénombre. Je laissais glisser mes doigts sur le dos fané des livres, savourant cette expérience mais incertain de ce que je cherchais. Comme j'approchais du fond de ces catacombes, ma main heurta un volume plus imposant que les autres. Sa tranche était usée et sa dorure pâlie, mais il était d'un format qui éveilla ma curiosité. Quand je retirai le livre de son étagère pour le poser sur un tabouret, il souleva un nuage de poussière qui me fit tousser.

Quand la poussière se dissipa, je pus distinguer le titre dans la lumière mourante, *The Wisdom of Euripides*. Intrigué, j'ouvris lentement l'ouvrage aux pages jaunies et cassantes et je lus: « Ce que l'homme a de mieux à faire et de plus prudent consiste à garder un certain équilibre à sa vie, reconnaître l'existence de la puissance qui vit autour de lui et en lui. L'homme qui peut faire cela et vivre de cette façon est un homme sage. »

Je souris. Quel beau début pour mon exploration du principe universel de Genre. Il y a longtemps, le genre ne servait pas à établir une différence spécifique entre les sexes, mais entre des types. La racine latine du mot « genre » est *genus*. Ceux qui ont dû mémoriser les systèmes de classification dans leurs cours de biologie se souviendront que les biologistes utilisent neuf unités hiérarchiques pour identifier les rapports entre les espèces: le monde vivant, le domaine, le règne, l'embranchement, la classe, l'ordre, la famille, le genre et l'espèce.

Ainsi, lorsque nous parlons du principe de Genre, c'est de « sorte », de « catégorie », de « type » dont il est question – comme lorsqu'on réfère à un « genre » littéraire ou cinématographique.

Les anciens hermétistes croyaient que chaque personne, chaque lieu et chaque chose possèdent des attributs masculins et des attributs féminins qui s'accordent pour former ensemble de nouvelles créations. Selon eux, l'énergie masculine est une énergie extérieure, disséminée dans l'Univers, tandis que l'énergie féminine est intérieure. Par conséquent, le masculin et le féminin fonctionnent comme des câbles de démarrage. Le masculin, dont la charge est positive, a pour fonction de repousser, tandis que le féminin, ou négatif, a pour fonction d'attirer. Dans une optique scientifique, le positif n'est pas synonyme de bien, et le négatif n'est pas synonyme de mal. Ce ne sont que des mots qui désignent l'équilibre des courants d'énergie. Hermès employait le féminin pour décrire le courant négatif d'énergie, car c'est un courant créateur, tout comme la femme est porteuse de nouvelle vie.

Parlons santé ! Pas seulement de santé physique, pas seulement d'alimentation saine et d'exercice, mais aussi de santé et d'équilibre émotionnels. Cela signifie faire ce que l'on aime et aimer ce que l'on fait ; c'est regarder vers l'avenir, apprendre, aider les autres, donner ce que l'on a reçu. Voilà le MétaSecret de la santé émotionnelle.

Le principe de Genre est donc, pour chaque créature vivante, un moyen d'atteindre l'équilibre. De nombreuses langues, notamment l'espagnol, l'hébreu et l'arabe, intègrent cette notion de genre dans leur système nominal. Certains mots sont masculins ou féminins par simple convention, et non pas parce qu'ils désignent des attributs mâles ou femelles.

Les hermétistes ont poussé la chose plus loin en scindant la psyché humaine en deux formes d'énergie : masculine et féminine. Ils ont associé l'énergie du « Moi », qui correspond aux émotions, aux habitudes et aux humeurs, à une énergie féminine, et celle du « Je », qui correspond aux désirs et aux exigences, à une énergie masculine. En d'autres termes, le Moi est créateur et le Je est agissant. Le

Je est la représentation de l'être, et le Moi la représentation du devenir. Chacun répond à un objectif, mais aucun des deux ne peut accomplir seul sa tâche. (C'est ce qu'en psychologie on appellera plus tard la « théorie du moi ».)

Quand nous nous y appliquons, tant le Moi que le Je interviennent dans tout ce que nous faisons. Le Moi trouve l'idée et le Je la met en œuvre. Pour prendre un exemple tiré du chapitre sur la Polarité, imaginons le spectre du bonheur et de la tristesse. Le Moi serait le créateur de votre humeur présente, tandis que le Je serait la force qui déplace cette humeur vers le haut ou le bas du spectre.

> **Les Trois Initiés ont expliqué cela en détail :**
> [Puisque l'homme les a créés] il voit qu'il peut changer ces états intérieurs et ces sentiments par un effort de volonté et qu'il peut produire un sentiment ou un état d'une nature exactement opposée [...] Ainsi au bout d'un certain temps, il devient capable de mettre de côté ses divers états mentaux, ses émotions, ses sentiments, ses habitudes, ses qualités, ses caractéristiques et toutes les autres choses mentales qui lui appartiennent ; il devient capable de les considérer comme faisant partie de cette collection de curiosités et de choses encombrantes qu'on appelle le « Non-Moi ». Cela nécessite une grande concentration mentale et un pouvoir d'analyse considérable de la part de l'élève. Cependant, le travail est possible pour l'adepte ; même ceux qui ne sont pas aussi avancés sont susceptibles de voir, en imagination, comment ce processus peut s'accomplir.

Une fois que l'élève, ainsi que nous venons de le dire, a fini de mettre de côté comme faisant partie du Non-Moi les sentiments qui habitent son esprit, il s'aperçoit qu'il est en possession consciente d'un Être qu'il peut considérer sous le double aspect du « Moi » et du « Je ». Le Moi sera perçu comme une Chose Mentale dans laquelle les pensées, les idées, les émotions, les sentiments et les autres états mentaux peuvent être produits. Il peut être considéré comme le « sein mental », c'est ainsi que les anciens l'appelaient, capable d'enfanter les fils mentaux. Il apparaît à la conscience comme un « Moi » doué du pouvoir latent de créer et d'engendrer une progéniture mentale de n'importe quelle nature. Ses pouvoirs d'énergie créative sont énormes. Et encore, il semble qu'il reçoive quelque forme d'énergie soit de son compagnon, le « Je », soit d'autres « Je » extérieurs à lui pour être capable de réaliser matériellement ses créations mentales.

Il faut en arriver à se comprendre en profondeur. Il faut commencer très jeune à se demander, « Qui suis-je ? », « Qu'est-ce qui me stimule le plus ? » et apprendre à se connaître soi-même. Nous sommes pressés d'acheter une voiture, de lancer une entreprise, de faire l'acquisition d'une maison. Nous devrions d'abord faire connaissance avec nous-mêmes. L'école ne nous y a pas aidés ! Nos parents ne le font pas. Si vous travaillez pour un patron, il ne le fait pas non plus. Par conséquent, si nous ne nous en chargeons pas nous-mêmes, nous n'y arriverons pas. C'est un pacte entre soi et soi. Le personnage de bande dessinée Pogo n'a-t-il pas dit : « Nous avons vu l'ennemi ; l'ennemi, c'est nous ! » ?

Quand on prend conscience du principe de Genre, on constate sans peine son omniprésence. L'équilibre des personnes très stressées par le travail est souvent affecté, car elles ont une énergie trop masculine. Lorsqu'on se trouve toujours en situation de concurrence – c'est le cas des jeunes cadres dynamiques et ambitieux –, lorsqu'on n'a pas le choix de faire de grosses journées – par exemple, les cols bleus

– ou lorsqu'on a appris à ne s'occuper que des autres – ainsi, les mères de familles – l'énergie est en déséquilibre. Nous cessons de fonctionner, comme une batterie de voiture cesse de fonctionner, si nous ne sommes pas dynamisés par un courant positif et un courant négatif. Donner, donner, donner toujours et sans répit nous mine mentalement, physiquement, spirituellement et émotionnellement.

Nous sommes faits pour que l'énergie circule en nous dans les deux sens. Il est donc très important d'apprendre à en recevoir aussi. C'est possible, à la condition d'apprendre à accepter de l'aide et à recevoir des présents.

Un excès d'énergie féminine est aussi néfaste qu'un excès d'énergie masculine. Ceux qui s'attendent à se faire servir ou qui croient que tout leur est dû sont exagérément passifs, ils perdent leur autonomie et ne savent plus formuler d'idées originales. Au lieu de faire le nécessaire pour réaliser leur plein potentiel, ils se complaisent dans un rôle de victime.

Lorsque les membres du clergé dictent certains comportements à leurs ouailles, lorsqu'un acteur parvient à faire pleurer ou rire son auditoire, lorsqu'un activiste rallie les foules à sa cause, ils tirent parti de leur volonté et de leur énergie masculines pour influencer l'énergie féminine et consentante de leurs disciples et partisans. Plus on s'efforce d'équilibrer ses courants d'énergie masculine et féminine, moins l'on est susceptible de se soumettre à la volonté (énergie masculine) d'autrui et plus on domine ses pensées, ses finances et sa liberté d'action.

Outre le concept d'équilibre des énergies masculine et féminine, le principe de Genre a une autre signification que l'on appelle parfois principe de Gestation. Ce principe nous enseigne qu'un germe d'idée met du temps à mûrir et à produire un résultat fonctionnel. Les Haïtiens ont emprunté aux Français un vieux proverbe qui explique cette notion: *Piti, piti, wazo fe nich li* (Petit à petit, l'oiseau fait son nid). D'autres diront que « Rome ne s'est pas construite en un jour » ou « Chaque chose en son temps » – l'important à retenir est que toute idée et toute action traverse une période d'incubation. Nous savons, par exemple, que la Terre tourne autour du Soleil en 365 jours, que les bébés passent 9 mois dans le ventre de leur mère avant de naître et qu'une graine de zinnia plantée en terre met 6 jours à germer.

Mais, quelle qu'en soit la raison – l'ère de l'information, le sentiment que tout nous est dû, ou autre chose –, la société actuelle veut tout, tout de suite. Nous ne respectons pas les rythmes de la terre, nous ne tenons pas compte de ses cycles.

Ce qui distingue le fait de se donner des objectifs et travailler à les atteindre du temps que la Terre met à tourner autour du Soleil ou du délai de germination des zinnias est que nos échéances ou nos dates butoirs ne sont pas forcément faciles à identifier. Il faut se dire qu'il est normal de ne pas toujours pouvoir prédire l'aboutissement de nos efforts, et ne pas douter que nos objectifs se réaliseront matériellement en temps opportun, tout comme la fleur sait quand elle doit éclore.

Dans le film culte de 1984, *Karaté Kid (Le moment de vérité)*, Daniel Larusso demande à M. Miyagi, le vieux jardinier, de lui enseigner le karaté. Ce dernier accepte et invite Daniel chez lui, où il le met au travail : laver et cirer sa voiture, peinturer sa clôture, et ainsi de suite. Daniel se plie de mauvais gré aux volontés du maître pendant un certain temps, puis il éclate et accuse M. Miyagi de profiter de lui. Il découvre alors que M. Miyagi le prépare ainsi à recevoir son enseignement en entraînant son corps à effectuer tout naturellement les mouvements qu'il devra maîtriser pour devenir un as du karaté. Daniel n'avait pas compris que maîtriser le karaté, ce n'est pas seulement apprendre rapidement quelques mouvements pour vaincre un adversaire, mais bien découvrir la raison d'être de ce sport et se fondre avec lui. De même, nous devons comprendre que la vie n'est pas un processus mécanique et que, pour en tirer les plus grands bienfaits, il faut prendre le temps d'en maîtriser et d'en savourer toutes les subtilités.

Pour atteindre un objectif, il faut notamment montrer de la persistance et vraiment croire à ce que l'on veut. Ainsi que le disait Wallace Wattles, l'auteur d'un des premiers livres traitant de philosophie hermétique : « L'esprit reconnaissant s'attend toujours à ce que de bonnes choses se produisent et cette expectative se mue en confiance. » Nous savons, grâce à la loi de l'Attraction, que la confiance est ce qui attire à nous la matérialisation de nos objectifs. Vos buts se réaliseront en temps et lieu.

Hélas, souvent nous disons croire à quelque chose et nous y travaillons un peu, mais en réalité nous ne sommes pas certains de ce que nous voulons, et nous sabotons nos propres efforts en n'allant pas au bout de nos idées. Par exemple, pour se rendre au comptoir de crème glacée du quartier, il faut sortir de chez soi et marcher jusqu'au marchand de glaces de la rue Principale. On ne sort pas de chez soi pour aller en direction de la rue Principale, puis changer aussitôt d'idée et faire plutôt trois ou quatre fois le tour du pâté de maisons, reprendre le chemin de la rue Principale, dépasser le marchand de glaces et continuer jusqu'au deuxième coin de rue, constater qu'on a perdu trop de temps et se hâter de rentrer à la maison. C'est pourtant ce que nous faisons quand nous cherchons à atteindre un objectif. Au lieu d'aller directement au but, nous empruntons mille et un détours qui nous font perdre un temps précieux ou font carrément échec à nos projets.

Si vos objectifs ne se réalisent pas aussi vite que vous le souhaiteriez mais que vous y croyez toujours, ayez confiance et ne renoncez pas. Sachez que cela arrivera. Il suffit parfois de s'accorder un délai supplémentaire.

Si vous prenez des pilules pour maigrir, vous ne vous attendez pas à perdre du poids dans la seconde qui suit leur ingestion. Vous ne vous inquiétez pas d'avoir encore mal à la gorge quand vous avez pris une dose de pénicilline cinq minutes auparavant. Tenez bon même si tout va mal, détendez-vous et sachez que tout vient à point à qui sait attendre.

Rassurez-vous : ce que vous avez demandé est déjà en route. Ayez la foi. Si vous croyez à quelque chose, sachez que cette chose vous appartient déjà, que ce n'est qu'une question de temps. Si une confiance aussi grande vous paraît impossible, souvenez-vous de la suggestion que je vous ai faite précédemment : hissez-vous d'un cran sur le spectre et rapprochez-vous petit à petit de ce que vous désirez. Commencez par vous montrer reconnaissant pour ce que vous possédez déjà et efforcez-vous d'être de plus en plus confiant et certain de concrétiser votre ambition. C'est inévitable : nos buts se réaliseront en temps opportun. C'est une loi universelle et infaillible. Vous ne saisissez peut-être pas encore très bien ce processus, ou vous n'arrivez pas à avoir une vue d'ensemble, mais n'ayez crainte, tout s'éclaircira en temps et lieu.

Avoir le sens de l'humour est excellent, vraiment excellent. Je ne comprends pas très bien son action sur nous, mais je sais que l'humour influe sur le cerveau. Norman Cousins, qui nous a quittés, a eu une vie longue et très, très efficace. Les médecins lui avaient dit qu'il n'en avait plus pour longtemps à vivre. Il était à l'article de la mort. Un jour, il s'est dit : « Si la tristesse et la maladie vont main dans la main, le bonheur et la santé sont forcément associés. » Il a demandé aux personnes de son entourage de lui apporter de vieux films de Laurel et Hardy, toutes sortes de vieux films drôles avec de vieux acteurs très, très amusants. Il les a visionnés et il a beaucoup ri, alors ils l'ont chassé de l'hôpital. Alors il a loué une suite dans un hôtel et il a continué à visionner des films et à rire.

Et il s'est guéri ! Vous savez que vous vous sentez bien quand vous riez. Riez de vous-même. Quand vous vous trompez, riez. Ne vous prenez pas au sérieux ! Le rire induit un état de détente et favorise la santé de façon très significative. Voulez-vous fouiller ce sujet plus à fond ? Procurez-vous des ouvrages de Norman Cousins. Il vous dira exactement ce que rire fait à la partie du cerveau qui contrôle les vibrations corporelles. Riez un peu plus. Amusez-vous !

Le conférencier de la motivation Dan Millman a démythifié ce processus: «J'ai constaté que nous pouvons faire n'importe quoi, mais que nous ne pouvons pas tout faire. Du moins, pas en même temps. N'établissez pas votre liste de priorités en fonction de ce que vous ferez, mais en fonction du moment où vous le ferez. Le choix du moment fait foi de tout!»

En refermant le livre ancien tout couvert de poussière, j'ai encore une fois été saisi d'émerveillement devant la perfection des lois universelles. J'étais entré dans cette ancienne librairie sans savoir ce que j'y trouverais, et j'y avais reçu une leçon sur l'omniprésence du MétaSecret. Cette fois-là, alors que je me demandais comment expliquer le principe de Genre, celui-ci s'était littéralement déployé sous mes yeux.

Je me suis souvenu qu'au lieu de dire: «Ça ne marchera jamais» ou «Ça n'arrivera pas», deux énoncés qui étouffent l'énergie positive de la foi, on peut tirer parti de son énergie masculine pour se replacer sur une ligne de pensée plus positive. Il ne sert à rien de vous demander quand ou comment votre ambition se réalisera, ou si elle est même possible. Si vous pensez à votre idée et que vous y croyez dur comme fer, vous la matérialisez déjà. Elle vous sera donnée. Ce n'est qu'une question de temps. Êtes-vous prêt à attendre?

Si vous comprenez les lois universelles et que vous vous mettez en phase avec elles, tout vous sera donné, en temps et lieu. Soyez patient, et gardez vos yeux et votre cœur ouverts à tous les possibles!

Chapitre 8

Le hasard n'existe pas

La noirceur se répandait autour de nous tandis que nous nous frayions péniblement un chemin dans l'épaisse végétation de la jungle. La décision, prise plus tôt, de poursuivre notre route malgré la nuit nous avait semblé sans grandes conséquences. Nous étions jeunes et en pleine forme ; rien ne pouvait nous arrêter, pas même l'obscurité profonde ! Une petite voix me dit que j'avais déjà fait cela, mais je la fis taire.

Mes vêtements, trempés d'humidité, me collaient désagréablement à la peau. La sueur qui perlait sur mon front me tombait dans les yeux, compliquant encore plus ma marche. En voulant m'essuyer les yeux, je perdis pied et dégringolai une pente abrupte.

Mon cœur battait à tout rompre et j'agitais les bras en vain pour freiner ma chute. Un élan incontrôlable me poussait, je rebondissais comme une poupée de chiffon. Tout se répétait, et je n'y pouvais rien. Je restai en suspens pendant une éternité, culbutant encore et encore à une vitesse folle. Je connaissais la suite : « Ne te sers pas de tes mains. N'essaie pas de te retenir cette fois, me répétai-je, pris de panique. Si tu le fais, m'admonestait mon cerveau, tu risques de beaucoup envenimer la situation. Tu pourrais te blesser à la tête et subir une lésion cérébrale. Tu pourrais même mourir. »

Je me réveillai en sursaut au moment précis où je m'écrasais sur le sol de la grotte. Mon cauchemar prit fin. J'étais à nouveau en sécurité.

Les scientifiques savent depuis longtemps que le rêve est un des moyens qu'ont les êtres humains de composer avec le principe de Causalité. Quand nous rêvons, nous sommes libérés du petit moi et le subconscient réévalue certaines situations pour nous aider à assumer nos actes passés ou pour nous préparer à réagir à un événement précis. Le scientifique Matt Walker de la Harvard Medical School (faculté de médecine de l'université Harvard) a eu recours à l'IRMf (imagerie par résonance magnétique fonctionnelle) pour démonter que le cycle onirique redéfinit littéralement la représentation neuronale de la mémoire. Cela signifie que l'évaluation de la cause et de l'effet, qu'il s'agisse d'un événement qui a déjà eu lieu ou qui est susceptible d'avoir lieu, est instinctive et innée.

Le principe de Causalité est une des lois universelles les plus connues. La plupart d'entre nous avons appris dans nos cours de science que « toute action provoque une réaction égale et contraire ». Nous savons que, pour qu'un effet soit visible, ressenti, senti, goûté ou entendu, quelque chose – une cause – doit d'abord avoir existé. La tarte aux pommes ne se cuit pas d'elle-même, le bébé ne vient pas au monde par magie, et ce livre ne s'est pas matérialisé tout seul. Chaque fois, quelque chose s'est produit qui a eu pour effet la tarte, le bébé et le livre.

Puisque le principe de Causalité est enraciné au plus profond de nous, nous le tenons souvent pour acquis. Mais si vous avez déjà conversé avec un bambin, vous savez que les enfants n'ont de cesse de nous le remettre en mémoire.

« Pourquoi mets-tu des petites roues sur mon vélo ? » fait Kaleb.

« Pour qu'elles te protègent quand tu roules, répond papa. Ce sont des stabilisateurs qui t'empêchent de tomber. »

« Mais pourquoi est-ce que je tomberais ? »

« Parce que la gravité te ferait tomber. »

Kaleb cherche partout cette fameuse gravité. Il ne la voit pas. Aucun danger pour l'instant. Alors il poursuit son interrogatoire : « Cameron, lui, il roule sans petites roues. Pourquoi est-ce que la gravité ne le fait pas tomber, lui ? »

« En bien, au début, elle le faisait tomber, lui aussi, mais maintenant, ton frère sait garder son équilibre. »

Kaleb réfléchit un moment puis il dit : « Comment il a fait ? »

« Il s'est servi des petites roues. »

Tous les parents d'un enfant de trois ans connaissent ces conversations cycliques. L'apprentissage de la causalité nous permet de comprendre le monde et la manière d'y réagir.

C'est sans doute pour cette raison que les contes, depuis *La Belle au Bois dormant* à *Le Chat dans le chapeau* en passant par *Pierre Lapin*, sont si populaires : ils nous enseignent la relation de cause à effet. Certes, en grandissant, nous tendons à l'oublier, mais cette loi universelle se manifeste à tout instant : quand on prépare un examen, quand on s'abstient de voter, quand on choisit d'avoir un animal de compagnie, quand on décide de fonder une famille, quand on obéit à ses parents, quand on ignore les instructions de son patron, quand on fuit le domicile familial ou quand on rentre à la maison, et ainsi de suite. Où que nous soyons, la relation de cause à effet nous accompagne.

Les textes sacrés nous rappellent aussi cette loi universelle. La Bible débute par une cause : « Au commencement, Dieu créa le Ciel et la Terre. » Dans le reste du livre, il est question des effets de cette Création.

Le Shvetâshvatara Upanishad, un texte sacré hindou, explore lui aussi le principe de Causalité :

Quelle est la cause du cosmos ? Est-ce Brahman ?
D'où venons-nous ? Par quoi vivons-nous ?
Où trouverons-nous enfin la paix ?

Quelle puissance gouverne la dualité
Du plaisir et de la douleur qui nous animent ?

Le temps, la nature, le besoin, le hasard,
Les éléments, l'énergie, l'intelligence…
Rien de cela ne peut être la Cause première.
Ce sont des effets, dont le seul rôle
Consiste à aider la nature véritable
À s'élever au-dessus du plaisir et de la douleur.

Le bouddhisme, le jaïnisme, le sikhisme et l'hindouisme adhèrent tous au principe de Causalité quand ils explorent la notion de karma. « Karma » signifie simplement agir, faire un geste. En Occident, on dit : « On récolte ce que l'on a semé. » Le célèbre Swâmi Maheshwarananda dit qu'il y a quatre façons d'accumuler des karmas : par la pensée, par la parole, par les actions qui résultent de notre volonté, par les actes que nous posons pour le compte d'autrui. Les actes conscients ont plus de poids que les actes inconscients, mais comme une allumette encore rougeoyante peut déclencher un incendie que nous sachions ou non avant de la jeter qu'elle n'est pas parfaitement éteinte, le karma nous rattrape toujours.

Ce plan directeur regroupe différentes vibrations qui s'équilibrent entre elles. Si le plan directeur flanche pour une raison quelconque, nous accumulons du stress et nous finissons par tomber malades.

Une ancienne discipline chinoise de causalité, le feng shui (prononcer « fong-choué »), se base sur l'art et la science de l'harmonisation du qi (prononcer « tchi »), soit l'énergie vitale d'un lieu, par exemple une résidence, un jardin, une entreprise, dans le but d'améliorer la vie présente ou la destinée d'une personne.

Le fait d'équilibrer l'énergie d'un milieu de vie ou de travail harmonise les personnes qui y vivent ou qui y travaillent. Lorsqu'elles sont en harmonie avec l'énergie vitale des lieux, ces personnes utilisent la loi de l'Attraction pour attirer à elles ce qu'elles désirent obtenir.

Des grandes sociétés telles que FedEx, Fuji Film, Intel et Nike aménagent leurs bureaux en fonction des lois du feng shui. Des entreprises pourtant beaucoup plus conservatrices telles que Eli Lilly, Hyatt et Shell, font également appel au feng shui pour favoriser l'harmonie en milieu de travail, et les grands magnats de la finance Donald Trump, Bill Gates et Richard Branson sont tous des adeptes du très ancien principe de Causalité.

Donald Trump, en particulier, a dépensé une petite fortune pour faire en sorte que son édifice, Trump Tower, renferme une énergie positive. Respectant les principes du feng shui, il a disposé l'entrée principale face à Central Park pour que le qi positif de la prospérité circule dans son gratte-ciel. Un globe immense, placé à l'avant, empêche l'énergie négative de la circulation automobile d'assaillir l'édifice.

En plus de transformer physiquement l'énergie d'un lieu, le feng shui nous enseigne que tout individu contrôle sa destinée par ses actions. Placer un miroir dans une pièce de façon qu'il y reflète une énergie positive, c'est bien ; mais ça ne servira à rien si vous persistez dans vos comportements négatifs. Ainsi, le principe de Causalité nous aide à comprendre la nécessité, en toutes circonstances, de la responsabilité individuelle. Si vous avez grandi dans la certitude que « l'argent est la racine du mal », il est peu probable que vous attirerez la fortune. Consciemment ou à votre insu, si vous refusez le « mal », vous fuirez l'argent. Vous ne postulerez pas des emplois lucratifs, vous n'achèterez pas de billets de loterie, vous dédaignerez les vêtements, les restaurants et les voyages luxueux. Mais si vous vous dites que l'énergie de l'argent est neutre, comme celle de l'eau ou du vent, vous comprendrez tout de suite que c'est la façon dont on se sert de cette énergie qui est profitable ou destructrice. L'usage que nous faisons d'une chose crée la relation de causalité.

Il est clair, par conséquent, que la moindre de nos pensées attire à elle un effet de même intensité, puisque toute vibration attire une vibration équivalente. Nos pensées causent, engendrent et produisent toutes les actions qui se présentent, autrement dit, les effets. Un vieux proverbe amusant et très imagé décrit très bien ce concept : « Quand on crache en l'air, ça nous retombe sur le nez. » Les Australiens appellent ça « l'effet boomerang ».

Le MétaSecret de la relation affective, c'est d'être soi-même la personne que l'on cherche. Quoi que vous espériez trouver chez quelqu'un, soyez-le et projetez-le. Si vous recherchez une personne aimante, bonne, compatissante et généreuse, vous devez être aimant, bon, compatissant et généreux. Quoi que vous cherchiez, c'est cela que vous devez être, cela que vous devez projeter dans l'Univers. Tout ce que vous projetez vous sera rendu au centuple.

Le principe de Causalité est similaire à la loi de la pesanteur. Personne ne vous juge pour vos méfaits, personne ne vous inflige de punition. C'est beaucoup plus simple que cela. Chacune de vos actions entraîne une réaction.

Ainsi, quand mes amis et moi avons décidé de continuer à marcher dans la jungle, nous avons déclenché une série de circonstances qui ont conduit à ma chute. Je n'ai jamais accusé la loi de la pesanteur de m'avoir fait tomber. Ce sont *mes* actions qui ont provoqué ma chute. Même si c'était difficile, j'aurais pu dire aux autres qu'il fallait absolument établir un campement et y passer la nuit. S'ils avaient refusé, j'aurais pu camper seul. Bien sûr, j'aurais sans doute fait face à d'autres problèmes : j'aurais pu m'égarer ou devoir me défendre seul contre des bêtes sauvages. Peu importe. J'étais moi-même la cause de ma chute. Je n'ai jamais songé à en blâmer la loi de la pesanteur, comme je n'ai jamais songé à en blâmer le principe de Causalité, car ces lois universelles existent en l'absence de tout préjugé. Nous savons que c'est ainsi. On pourrait argumenter jusqu'à plus soif, ça n'y changera rien, on ne changera pas le fonctionnement de ces lois. Elles sont, un point c'est tout.

Mais n'est-ce pas précisément ainsi que nous agissons quand les choses ne se passent pas comme prévu ? Si j'ai eu un accident, c'est à cause du mauvais temps – ce n'est pas parce que j'ai voulu rouler en voiture en pleine tempête de neige, par des vents de 135 km/h. Si je suis furieuse contre mon mari, c'est sa faute – ce n'est pas parce que je lui ai dit ce que je pensais de l'idée d'acheter un chien aux enfants. Si j'ai été congédié, c'est à cause de cet insupportable imbécile – cela n'a rien à voir avec le fait que je le maltraite depuis trois ans et qu'un jour il en a eu assez.

Il y a très longtemps, au Suriname, un tout petit pays de l'Amérique du Sud, un immense feu de forêt aida la population à comprendre l'importance de la responsabilité individuelle et le principe de Causalité. Presque toute la faune du pays périt dans l'incendie, mais un serpent se cacha au plus profond de son nid et attendit. Quand finalement un violent orage éteignit les flammes, les pluies torrentielles détrempèrent le sol et le serpent ne put sortir de son trou.

« Au secours ! Au secours ! » cria-t-il, jusqu'à en avoir mal aux bronches, mais personne ne l'entendit. Le serpent était désespéré. Un jeune homme qui passait par là aperçut par hasard le nid du serpent. « Aidez-moi, au secours… », râla l'animal.

Le jeune homme hésita, ne sachant que faire. Il connaissait le tempérament du serpent, et il appréhendait sa morsure.

« Je te promets que je ne te mordrai pas », dit tout bas le serpent qui était maintenant presque aphone.

Le jeune homme le tira de son nid. Mais il n'avait pas sitôt aidé le serpent que celui-ci essaya de lui arracher un morceau de peau.

« Arrête, fit le jeune homme. Il ne faut pas faire de mal à ceux qui te viennent en aide. »

Si vous cherchez l'amour sans le trouver, c'est sans nul doute parce que le pardon est absent de certains domaines de votre vie. C'est le cas de nous tous. Examinez votre vie, votre passé, toutes vos relations, et posez-vous la question suivante: «À qui n'ai-je pas su pardonner? À moi-même, à mes parents, à mes frères et sœurs, à mes voisins, aux membres de ma famille, à mes collègues de travail? À qui?» Quand vous pardonnez, vous libérez l'énergie qui permet à la loi de l'Attraction d'apporter à votre vie l'amour et de nouvelles relations affectives.

Comment faire? Demandez-vous ceci: «À qui n'ai-je pas su pardonner?», et vous songerez à quelqu'un. Ce pourrait bien être vous! Ensuite, posez-vous la question suivante: «Puis-je lui pardonner? Puis-je me pardonner?»

Que vous répondiez «oui» ou «non», continuez. Demandez-vous ce qui a incité cette personne à agir comme elle l'a fait à ce moment de sa vie – «Qu'est-ce qui m'a poussé à agir ainsi?» – et vous commencerez à saisir en profondeur ce qu'est la psychologie comportementale. Vous verrez que tous, incluant vous-même, font leur possible.

Quand vous pardonnez aux autres, vous libérez l'énergie psychique qui s'était embourbée dans votre esprit, votre corps et votre âme. Quand vous la libérez dans l'Univers, cette énergie ouvre une voie par laquelle l'Univers vous renvoie de l'amour, des relations affectives, des bienfaits. Tout commence par le pardon. Pardonnez dès maintenant!

Ainsi que le formulent les Trois Initiés :

La grande majorité des gens est plus ou moins esclave de l'hérédité, de l'entourage, etc., et n'est libre que dans une faible mesure. Les individus sont influencés par les opinions, les habitudes et les pensées des autres, et aussi par leurs émotions, leurs sentiments, leur état d'esprit, etc. Ils affirment qu'ils sont libres d'agir et de faire comme il leur plaît, mais ils oublient pourquoi ils le font.

[...] La grande majorité des gens se laissent conduire comme la pierre qui roule sur la montagne, obéissant à leur entourage, aux influences extérieures et à leur état d'esprit intime, à leurs désirs, etc., pour ne pas parler des désirs et des volontés des individus plus forts qu'eux. [...] Mus comme des pions sur l'échiquier de la vie, ils jouent leur rôle et sont mis de côté quand la partie est finie.

Pour s'accorder au principe de Causalité, le mieux est de noter les pensées qui nous viennent tout au long de la journée, puis d'identifier celles qui peuvent contribuer à améliorer notre existence et nous orienter dans la direction où nous souhaitons aller, et celles qui nous viennent en tête sans servir à rien. Soyez indulgents envers vous-mêmes, et sachez qu'il faut du temps et des efforts pour encourager la pensée et l'action positive. Quand des pensées inutiles vous viennent à l'esprit, observez-les, laissez-les passer puis recentrez-vous sur du positif. Cela peut prendre un peu de temps, mais avec de la pratique, ce sera de plus en plus facile.

Deuxième partie

La plupart des gens sont hésitants.

Ils hésitent devant le pas à faire.

Voici ce que dit le MétaSecret : Faites-le ! Faites-le ! Chaque fois que vous hésitez à agir, faites-le.

Faites ce pas. Vous apprendrez beaucoup ! Vous irez beaucoup plus loin beaucoup plus vite si vous entrez dans le jeu au lieu de vous contenter d'y penser.

Ce que je veux dire, c'est que faire un pas dans la bonne direction est aussi efficace que passer cent ans à se dire qu'on va le faire.

T. Harv Eker

CHAPITRE 9

La simplicité de la synchronicité

Assis à mon bureau, je me creusais la tête pour trouver un symbole approprié qui puisse figurer en page couverture du *MétaSecret*, quand mon assistant remarqua la rune Ehwaz à son emplacement habituel. Il la prit dans ses mains.

« Qu'est-ce que c'est ? » fit-il, en la tournant d'un côté puis de l'autre, comme s'il se demandait dans quel sens la lire.

Je l'ai regardé distraitement. « C'est le symbole de mon parcours. »

« Mmm… murmura-t-il ; je croyais que cela concernait ton livre. »

« Mon livre ? Pourquoi ? »

Il fit pivoter la rune une fois de plus et la posa sur le bureau. « Parce que cela ressemble au "M" de MétaSecret. »

Un frisson de plaisir me parcourut. Eurêka ! Cette rune ne me quittait pas depuis des années, et même si je lui accordais une grande importance, je ne l'avais jamais associée à mon travail actuel. Mais c'est précisément ainsi que fonctionnent la synchronicité et la loi de l'Attraction. Quand on se donne le droit de lâcher prise et de se laisser porter par le courant, elles se manifestent inévitablement.

C'est en 1920 que Carl Jung, le célèbre psychiatre et psychologue suisse, a introduit dans la langue la notion de « synchronicité ». Selon Wikipédia, la synchronicité est « l'occurrence simultanée d'au moins deux événements qui ne présentent pas de lien de causalité, mais dont l'association prend un sens pour la personne qui les perçoit ». Pour appartenir à la synchronicité, des événements doivent avoir peu de chances de se produire selon un parallélisme dû au hasard.

Le dictionnaire dit que ces événements ne sont pas reliés entre eux, mais les lois universelles nous apprennent que rien n'est accidentel. Toute chose a son contraire, une connexion, une causalité. Un lien existe donc, même si nous ne parvenons pas à l'identifier. Une question se pose alors : que signifient de tels événements et comment pouvons-nous en tirer parti ?

La solution consiste à faire le silence en soi pour entendre les rythmes de l'Univers, puis se rappeler que beaucoup de choses sont à l'œuvre même si ces forces sous-tendent nos expériences à notre insu.

Les 21 principes secondaires sont des moyens dont nous disposons pour mettre à profit les lois universelles dans le quotidien. Nous en entendons parler depuis toujours, mais nous nous arrêtons rarement à réfléchir à leur pouvoir réel. Ces principes secondaires sont : l'aspiration à une force supérieure, la charité, la compassion, le courage, le dévouement, la foi, le pardon, la générosité, la grâce, l'honnêteté, l'espoir, la joie, la bonté, le leadership, la non-ingérence, la patience, la louange, la responsabilité, l'amour de soi, la reconnaissance et l'amour inconditionnel.

Il a déjà été question de certains d'entre eux dans le cadre de notre étude des sept principes universels. Vous croyez que ce sont des platitudes ? Je vous assure que ce n'est pas le cas : quand nous adoptons une façon de penser, cette façon de penser devient une manière d'être et nous renvoie sa propre énergie. Il suffit pour cela d'un très léger changement de perspective.

Les Hopis, une tribu du sud-ouest des États-Unis, ont une coutume qui les aide à modifier leur perspective pour surmonter leur déception. Chaque jour, ils demandent au Grand Esprit de leur accorder 20 fautes. Selon leur philosophie, on peut toujours tirer des leçons de ses erreurs, de ses manquements et de ses échecs. Ils croient donc que, plus nous commettons de fautes, meilleurs nous sommes, car nous avons tiré des enseignements de ces expériences.

En se donnant une optique plus positive, non seulement sont-ils plus heureux et en meilleure santé, mais ils sont en harmonie avec les lois universelles et ils attirent à eux ce qu'ils veulent. Certes, cette philosophie se démarque complètement des systèmes d'éducation traditionnels qui ne donnent aucun droit à l'erreur, mais il n'en demeure pas moins que l'entraînement à la pensée positive et l'harmonisation aux lois universelles ont pour effet de diminuer le stress et le chagrin dans toute famille, tout groupe et toute organisation.

Ce qui précède me rappelle un autre MétaSecret que j'ai transmis aux lecteurs dans mon livre précédent, *Uncommon Sense.* J'y explique qu'existent plusieurs manières de voir, que nous les adoptons à notre insu et qu'elles contribuent à notre perte. Ce sont « les douze certitudes qui nous attirent des problèmes » ! Même après toutes ces années, elles n'ont pas changé, si bien que je les reproduis ici en les additionnant de quelques mises au point qui me sont venues en tête après que j'eus suivi mes propres conseils !

1. Je veux qu'on m'aime !

Autrement dit, nous aurions toujours besoin de l'affection et de l'approbation des autres. Si on ne nous accorde pas toute l'attention que nous voulons, un sentiment d'inaptitude naît alors en nous. Si cette situation perdure, des problèmes graves peuvent survenir. Mais comme nous l'a enseigné le MétaSecret, plus nous émettons d'énergie négative, plus celle-ci nous est rendue. Nous pouvons choisir de demeurer optimistes et ne pas quitter le point de consigne que nous nous sommes fixé sur le spectre de l'amour et de la haine, ou nous pouvons nous laisser emporter par des sentiments négatifs.

L'important est de se rappeler que l'amour et l'approbation des autres ne sont pas nécessaires tant que nous avons de l'estime pour nous-mêmes et que nous nous acceptons. Après tout, nous n'estimons pas forcément tout le monde et n'acceptons pas forcément tout le monde. Pourquoi donc voudrions-nous qu'il en soit autrement des autres ? Le libre arbitre est universel. Il serait injuste de priver les autres de la liberté de ressentir ce qu'ils veulent, tout comme il serait injuste qu'on nous empêche de décider si l'on estime ou non notre prochain.

2. Il faut que j'excelle en tout !

Autrement dit, il faudrait tout faire à la perfection pour pouvoir se valoriser et être bien dans sa peau. Sachez qu'il faut parfois se donner le droit à l'échec. Souvenez-vous de la philosophie hopi dont il vient d'être question. Ne pas exceller en tout encourage la croissance, et nous permet de puiser des enseignements dans nos erreurs, ce qui fait de nous des êtres meilleurs. L'obsession de l'échec nous empêche souvent de faire du bon travail.

Le MétaSecret nous en apprend beaucoup sur cette conviction erronée, notamment : ce n'est pas pour rien que tout arrive au moment propice ; tout s'équilibre quand nous sommes libres d'exceller dans nos domaines de compétence et que nous permettons aux autres d'exceller dans les leurs.

3. Les méchants doivent être punis !

Ce n'est pas toujours facile de comprendre que si une personne ne pense pas comme nous, ça ne la rend pas forcément méchante. Le MétaSecret nous enseigne, par l'entremise du principe de Polarité, que le « bien » et le « mal » n'existent pas, que tout est question de degré. Nos actions ne sont, en soi, que des manifestations d'énergie pure. C'est notre interprétation de ces actions qui les rend positives ou négatives à nos yeux. On ne peut rien changer à une situation, on ne peut que se changer soi-même. Cela nous demande parfois de modifier un tout petit peu notre point de vue, et parfois de carrément nous détourner de quelqu'un ou de quelque chose.

Je ne veux pas que d'autres me dictent mes actions, mes pensées et mes certitudes, comme les autres ne veulent pas que je leur dicte les leurs. Nous méritons tous le respect, nous méritons tous d'être traités correctement.

4. Il faut que ça change !

Nous pouvons puiser des enseignements dans le passé pour préparer l'avenir, mais nous vivons toujours dans le moment présent. Ça ne sert à rien de se plaindre de sa situation actuelle, de blâmer les autres ou le destin pour ce qui nous est déjà arrivé.

Je n'ai aucune raison d'être contrarié si tout ne se déroule pas comme je le souhaite. Je ne contrôle pas l'humanité, et ce n'est de toute façon pas mon rôle. La tâche qui me revient consiste à me prendre en charge et à assumer ma propre vie et mes propres actes.

5. C'est ta faute si je me sens comme ça !

Personne ne peut nous imposer des émotions dont nous ne voulons pas. Notre petit moi peut réagir aux paroles ou aux actes de quelqu'un, mais cette personne n'est pas obligée de nous faire plaisir. Toutes les émotions nous sont permises, mais reconnaissons qu'elles ne sont rien d'autre que notre réaction à un événement extérieur. Il faut laisser une émotion nous pénétrer, puis demander à notre guide intérieur pourquoi nous la ressentons, ensuite lâcher prise et faire le nécessaire pour remédier à la situation.

6. Je suis sûr que quelque chose de terrible va arriver !

Autrement dit, soyons constamment sur nos gardes, car la moindre situation pourrait mal tourner. « Je pourrais me faire frapper par une voiture. Je pourrais me faire mordre par un chien. Je pourrais me faire dévorer par un lion en me rendant à l'école. Je dois m'en inquiéter afin de me préparer à cette éventualité. Il faut toujours que je sois sur mes gardes. Je ne peux donc jamais me détendre. »

La plupart du temps, tout marche comme sur des roulettes. Presque chaque jour de notre vie, nous n'avons aucune raison de nous plaindre. Nous sommes propres, à l'abri des intempéries, bien nourris, notre santé est relativement bonne, nous n'avons ni trop chaud ni trop froid, et ainsi de suite. S'inquiéter de ce qui pourrait peut-être nous arriver, c'est dilapider nos énergies. Le MétaSecret dit que, puisque la vie est en perpétuelle transformation, peu de choses risquent de répondre parfaitement à nos attentes. Par conséquent, s'inquiéter de l'avenir n'empêchera pas une situation qui doit se produire de se produire. En fait, à force d'appréhender un malheur, nous finissons sans doute par l'attirer !

7. C'est plus facile de ne rien faire!

Cette idée fausse porte parfois le nom de défaitisme. Le défaitisme nous fait croire qu'il est plus facile d'éviter les tâches difficiles que de les affronter. Dans certains cas, c'est par paresse que nous nous complaisons dans cette certitude. Dans d'autres cas, nous refusons tout simplement les responsabilités inhérentes à la poursuite d'un objectif.

Dans son ouvrage intitulé *Réfléchissez et devenez riche*, Napoleon Hill nous dit qu'un grand nombre de gens échouent parce qu'ils se laissent prendre au piège de cette idée fausse. Il ajoute que la persévérance devant l'adversité est une des vertus communes aux gens qui ont réussi, notamment Henry Ford et Alexander Graham Bell.

8. J'ai besoin de quelqu'un de plus fort que moi!

Le MétaSecret nous dit que, puisque l'Univers est Un, tout ce qu'il nous faut est déjà en nous. Si nous ne sommes pas capables de faire physiquement certaines choses – par exemple, transporter seul un sofa à l'étage – rien ne nous empêche de demander à un ami de nous aider. Si personne n'est disponible, rien ne nous empêche de trouver une autre solution : engager un conducteur de grue pour hisser le sofa par la fenêtre, entreposer le meuble pendant quelque temps, ou encore le vendre.

Il faut accepter que, même s'il est agréable de pouvoir de temps en temps compter sur l'aide de quelqu'un, nous avons déjà en nous tout ce qu'il nous faut pour répondre à nos besoins. Nous sommes parfaitement capables de prendre soin de nous-mêmes et de prendre seul nos décisions.

9. Je n'y peux rien, je suis fait comme ça!

Autrement dit, si je suis tel que je suis, c'est dû à mon passé, et rien ne pourra changer mon comportement. Ma vie est coulée dans le béton, un point c'est tout. Chaque matin s'ouvre pourtant sur un jour nouveau et m'offre une occasion de m'améliorer.

10. Je prends tes problèmes à cœur !

Nous pensons parfois que pour aimer et soutenir les autres il faut résoudre leurs problèmes à leur place. Nous pensons que, pour les aider, nous devons faire nôtres leurs problèmes. Mais c'est faux. Ils doivent puiser des enseignements dans leurs propres difficultés. Nous pouvons leur offrir une oreille attentive, suggérer des solutions et leur tendre la main de temps à autre, mais ils doivent prendre soin d'eux-mêmes, comme nous devons prendre soin de nous-mêmes.

Tout faire pour une autre personne, c'est la priver de la possibilité d'apprendre, de grandir et de réaliser son plein potentiel.

11. Il n'y a qu'une bonne façon de faire !

Le MétaSecret nous dit ici qu'il y a toujours d'autres façons d'atteindre un objectif. Certaines sont plus efficaces que d'autres, soit, mais puisque l'Univers est mental, le nombre des méthodes pour venir à bout d'une tâche n'est limité que par l'imagination des personnes en cause. J'ai une amie qui se plaît à répéter : « Il y a plusieurs façons de plumer un canard », et elle a raison. Tout ce que vous êtes en mesure d'imaginer, l'Univers vous le donnera. N'est-ce pas formidable ?

12. Si je le sens, c'est que c'est vrai !

Vous vous dites : « Puisque je me sens coupable, c'est que j'ai fait quelque chose de mal. » Voilà bien un exemple de ces occasions où les émotions semblent nous donner raison. Une personne dépressive remet rarement en question une manière de voir aussi erronée. Mais celle-ci s'applique aussi aux relations affectives. Quand un des deux partenaires dit soudain : « Puisque je ne me sens pas amoureux, c'est donc que je ne l'aime pas », il joue avec le feu. De pareils raisonnements font échouer la plupart des relations de couple. Les gens pensent devoir ressentir certaines émotions parce que dans leur situation elles sont « la norme. » Parce que l'amour est en soi extrêmement complexe, des tas de gens pensent : « Puisque je me sens un peu désorienté en sa compagnie, c'est donc que cette personne est assez déroutante ou pas très équilibrée. Je suppose qu'au fond, je ne l'aime pas.» C'est ce qu'on appelle un raisonnement émotionnel : une présomption que nous ne prenons pas la peine de réfuter, qui multiplie les idées fausses et se soldera par des problèmes majeurs… pour soi et pour les autres.

La chose la plus importante à saisir et à retenir est sans doute que nous sommes parfaits tels que nous sommes. Autrement dit, nous nous trouvons précisément là où nous sommes censés être, nous faisons ce que nous sommes censés faire, nous avons le corps que nous sommes censés avoir, les aptitudes mentales qu'il nous faut, l'âge qui nous convient, le sexe qui nous convient, et la situation financière dont nous avons besoin pour apprendre ce que nous devons apprendre. Dans sa sagesse infinie, le tout nous a donné exactement ce qu'il nous faut pour accomplir les tâches qui nous sont dévolues. Certes, nous évoluerons – nous avons le devoir de changer, de surmonter nos problèmes et d'en venir à bout – mais faire partie de la nature humaine, c'est aussi accepter les cartes que la vie nous a distribuées et les jouer correctement.

Le reste de ce livre traite des quatre objets les plus fréquents de notre quête de perfection, soit la santé, la fortune, l'amour et la vie quotidienne. En plus de vous faire part de ma propre expérience, j'ai demandé à de grands spécialistes de la question de vous transmettre leur vision du MétaSecret et leurs conseils, auxquels j'ai ajouté quelques affirmations et quelques exercices. Adaptez-les à vos besoins et n'oubliez surtout pas que vous devez vous les approprier pour qu'ils se révèlent efficaces!

Les règles de l'affirmation sont très simples. Ne formulez que des énoncés positifs. En effet, le cerveau est incapable de concevoir un objet négatif ou une pensée négative. Essayez ceci : NE visualisez PAS un panneau d'arrêt. Quelle image vous vient à l'esprit? Pour pouvoir l'annuler, le cerveau doit créer l'objet. Il est évident aussi que le subconscient ne reconnaît que des énoncés positifs, qu'il ne comprend pas les expressions négatives telles que non, je ne veux pas, ou je ne peux pas. Si vous dites, par exemple, « Je ne grossirai pas », votre subconscient pourrait bien traduire littéralement par « Je grossis ». Optez plutôt pour des affirmations telles que : « J'ai une alimentation saine » ou « Je limite ma consommation de calories ».

Il importe en outre de formuler vos affirmations au temps présent, comme si ce que vous souhaitez existait déjà, s'était déjà matérialisé. Si vous parlez au futur – « Je vais perdre du poids » –, votre objectif est loin dans l'avenir et vous avez encore beaucoup de temps devant vous pour l'atteindre. N'oubliez pas : nous vivons dans l'ici et le maintenant. Pour que le mental nous pousse à agir, nous devons formuler nos objectifs pour *tout de suite*.

L'affirmation est efficace que l'on y croie ou non, car elle fait intervenir la loi de l'Attraction. Par conséquent, lorsqu'on répète une affirmation plusieurs fois par jour avec émotion, passion, certitude et confiance, elle fonctionne très bien. Si, au contraire, on l'énonce du bout des lèvres et qu'on passe ensuite le reste de la journée à saboter son optimiste par des actes négatifs – par exemple, en s'empiffrant après avoir affirmé que l'on perd du poids – la loi de l'Attraction nous fait grossir parce que c'est à cette prise de poids que l'on voue une plus grande attention émotionnelle. Il vaut mieux avoir des pensées positives et soutenir par l'affirmation les buts que l'on se donne.

Affirmations

1. Mon imagination crée tout ce à quoi je crois, tout ce que je peux concevoir.
2. J'atteins mon but facilement et sans effort.
3. Je m'améliore de jour en jour.
4. Chaque jour j'utilise 100 pour cent de mes aptitudes mentales.
5. Je m'ouvre à la sagesse et à la connaissance qui m'entourent.
6. Je m'approche chaque jour un peu plus de mes objectifs.
7. Je n'ai de certitudes que celles qui soutiennent mes ambitions.
8. Je visualise et je ressens mes objectifs comme étant déjà matérialisés.
9. Chaque jour, je crée ma propre chance.
10. J'attire à moi des expériences positives.

Chapitre 10

S'exercer à la richesse

Les principes d'Analogie, de Vibration et de Mentalisme intégral s'associent pour nous dire que l'abondance est à la portée de tous. Mais la richesse est arbitraire, car elle dépend de notre vision du monde et de nos valeurs personnelles. Un fermier ne possédant que quelques acres de terre qui subvient aux besoins de sa famille et qui aime son travail est sans doute beaucoup plus riche qu'une héritière qui se voit catapultée à la tête d'une entreprise familiale qu'elle abhorre.

Un ruisseau qui regorge de poissons a plus de valeur pour une personne affamée qu'un coffre-fort rempli d'or. Toute richesse est subjective. Comprenez cela et vous comprendrez que l'abondance dans le monde et votre propre fortune obéissent à un mouvement de marée.

Pour être vraiment riche, il faut d'abord être bien avec soi-même, à l'aise dans ses interactions sociales, heureux dans son travail, et apprécier le service ou le produit que l'on a à offrir. On fait alors partie intégrante de l'abondance qui nous entoure à tout moment et en tout temps. Tout nous appartient. Tout est à nous depuis toujours, et tout sera toujours à nous jusqu'à la fin.

Le MétaSecret de la fortune consiste à ne pas trop s'y consacrer, à ne pas trop la désirer. Vous serez riche plus vite si vous cessez d'aspirer à le devenir, si vous cessez d'en faire une obsession. À force de désirer quelque chose et de vous « couper en quatre » pour l'obtenir, vous n'en connaissez que l'absence. Vouloir quelque chose, c'est en ressentir le manque. En désirant, on attire le manque à soi. Curieusement, vouloir, c'est s'engager dans un processus de matérialisation négative. Vouloir, c'est en quelque sorte se programmer négativement à fixer son attention sur ce que l'on n'a pas.

Concentrez-vous plutôt sur ce que vous ressentiriez si vous possédiez déjà ce que vous désirez avoir. Placez vos émotions très haut dans l'échelle de la richesse et ayez des pensées positives qui attireront à vous la fortune. Agissez comme si vos désirs s'étaient déjà réalisés. Vous y parviendrez par la visualisation, par des affirmations qui décrivent ce que vous possédez « déjà », en gommant toute idée de manque dès qu'elle se présente et en la remplaçant par une image mentale positive.

Le MétaSecret de la richesse consiste à savoir exactement ce que l'on veut et à être disposé à payer le prix qu'il faut pour l'obtenir. La plupart des gens croient que la richesse naît spontanément du fait de rêver que l'on nage dans l'abondance. Cette impression fait partie du processus, mais elle ne suffit pas. Regardez le mot « attraction ». Ses six dernières lettres épellent le mot ACTION. A-C-T-I-O-N.

Un de mes mots préférés est « satisfaction ». Nous aspirons tous à la satisfaction. Et le latin « satis » *signifie suffisant, ou action suffisante. La satisfaction, autrement dit une action suffisante, produit un résultat.*

Vous n'ignorez pas que la série de livres que j'ai coécrits, Bouillon de poulet pour l'âme, *a connu un succès phénoménal. Tout le monde pense : « Quelle chance vous avez eue de trouver une idée aussi formidable. »*

Nous nous sommes servis de la loi de l'Attraction. Nous avons conçu des listes de best-sellers où notre livre figurait en première place, et nous les avons affichées partout dans notre bureau. Nous avons visualisé des vitrines de librairies remplies de Bouillon de poulet pour l'âme. *Et tout s'est réalisé. Mais c'est un processus. On commence par demander. Ensuite, on croit fermement que ce qu'on a demandé se matérialisera. Et enfin, on doit être prêt à recevoir ce qu'on a demandé.*

Voilà selon moi les trois étapes de la loi de l'Attraction. Quand on croit, il faut ensuite passer à l'action. Croire, ce n'est pas seulement rester là à se dire : « Je crois que je peux devenir riche. » Il faut agir, poser des gestes qui matérialiseront cette richesse.

Quand une personne veut faire un bond prodigieux en avant et non plus se contenter d'un un petit pas après l'autre, elle doit commencer par croire qu'elle en est parfaitement capable. Il y a un merveilleux petit livre intitulé You Square *(Vous au carré). Pour obtenir le carré d'un nombre, on multiplie ce nombre par lui-même, n'est-ce pas ? Pour obtenir le carré de vous-même, vous multipliez votre potentiel par votre potentiel. Le résultat est astronomique ! Vous êtes propulsé dans l'espace.*

L'auteur de ce livre, Price Pritchard, a dit : « Quand on imagine un bond prodigieux en avant, cela semble parfaitement ridicule. » Mais avec le recul, on voit que c'était une chose tout à fait naturelle. Cela n'a demandé aucun effort, c'était facile. Voilà ce qu'est un bond prodigieux en avant. Cela se produit quand on se dégage de ses barrières mentales, qu'on laisse l'esprit s'envoler et concevoir une idée géniale. On commence avant même d'être prêt à le faire. On défie ce qui asservit les masses.

Il importe alors d'occuper un espace à soi seul. Comprendre qu'on travaille de concert avec une puissance infinie et omniprésente. Qui nous accompagne toujours. Qui est plus près de nous que l'air même que l'on respire. On s'harmonise alors à cette présence, on s'affranchit de toutes nos limites, et on prend la ferme décision de multiplier notre efficacité de façon exponentielle. C'est là à peu de chose près ce que j'ai fait moi-même. J'ignorais ce que je faisais à l'époque. Je ne savais pas ce qu'était un bond prodigieux en avant, mais je suis parti d'un revenu annuel de 4000 $ et un an plus tard je l'avais gonflé à 175 000 $. Ensuite, j'en ai fait un million sans savoir comment c'est arrivé. Maintenant, écoutez-moi bien. Quand j'étais jeune, on disait d'une réussite comme la mienne qu'elle était impensable pour quelqu'un qui n'a pas fait des études très poussées, et qu'une personne sans expérience ne peut tout simplement pas faire ce que j'ai fait. J'ai mis fin à mes études secondaires au bout de deux mois, je n'ai jamais été un employé modèle, mais mon revenu annuel est passé de 4000 à un million de dollars par année.

Vous pouvez le faire. Mais pour cela, il faut que vous soyez certain que vous le pouvez. N'écoutez pas ceux qui vous répètent que c'est impossible. Visualisez-vous en train d'accomplir quelque chose d'immense. Notez vos objectifs sur une feuille de papier. Commencez comme ceci : « Je suis si heureux et reconnaissant depuis que mon revenu annuel est devenu mon revenu mensuel. »

Le MétaSecret de la richesse et de l'abondance consiste à faire ce que l'on aime, obéir à ses passions, à aimer sa vie, à apprécier le moment présent, à comprendre qu'en réalité l'abondance et la richesse nous appartiennent déjà. La richesse et l'abondance que vous avez sont celles que vous vous permettez d'avoir. Soyez plus ouvert et plus méritant, et vous jouirez dès maintenant d'une richesse et d'une abondance supérieures.

Si vous voulez être riche extérieurement, vous devez d'abord l'être intérieurement : ce qui est en haut est comme ce qui est en bas ; ce qui est au dedans est comme ce qui est au dehors. Soyez d'abord riche en pensée, puis extériorisez cette richesse intérieure. Votre comportement doit être celui d'une personne fortunée. Vous devez être très riche en imagination et croire profondément à qui vous êtes et à tout ce qui est possible. Quand vous y parviendrez, votre richesse intérieure se manifestera à l'extérieur de vous.

D'abord, je me demande : « Quelles sont tes aspirations, d'après toi ? » Deuxièmement : « Pourquoi essaies-tu de les matérialiser ? » Et enfin, je me pose cette question : « Si tu atteins ton objectif, que se passera-t-il dans ta vie, selon toi ? »

Ensuite, je refais le trajet à rebours et j'examine mes options. Je me dis, bon, si tu n'atteins pas cet objectif, qu'est-ce qui se passera ? Beaucoup de gens viennent me trouver et me disent : « Je veux développer mon entreprise » ou « Mes revenus sont d'un million de dollars, mais je voudrais qu'ils passent à dix millions ». Je leur demande : « Pourquoi ? » Ils répondent : « Parce que cela me rapporte cent mille dollars, mais si les revenus de l'entreprise étaient décuplés, j'empocherais le million que je veux. » Et je dis : « Ouais, mais vous auriez alors des frais généraux dix fois plus élevés, un inventaire dix fois plus important, dix fois plus de capital ou d'argent investi, dix fois plus d'employés, dix fois plus de stress. Ne serait-il pas plus simple de trouver des solutions pour accroître vos profits en conservant la taille actuelle de votre entreprise et sans devoir engager d'autre personnel ? »

Voici ce que j'essaie de vous dire : vous devez bien étudier vos solutions de rechange et toutes vos options. Le concept que j'enseigne dépend de ceci : l'action et son optimisation. L'optimisation, c'est faire appel aux moyens les plus perfectionnés qui soient pour produire les meilleurs résultats possibles en tenant compte du temps investi, de nos efforts, de nos émotions, de notre vie et de nos relations affectives. Mais on ne peut pas entreprendre cette optimisation – et c'est ici que la plupart des gens achoppent – sans avoir d'abord pris le temps d'observer, d'analyser, et d'identifier, non pas tout, mais l'éventail des choix, des alternatives et des autres possibilités qui s'offrent à nous. En premier lieu, atteindre son objectif, et en second lieu, se donner un objectif de rechange.

Le plus important est de cesser d'écouter quand tout le monde vous dit ce que vous pouvez faire. Portez plutôt attention à ce que vous, vous avez envie de faire.

Je me souviens que, lorsque j'étais jeune, j'allais trouver ma mère, mon père ou mon professeur et je disais : « Je veux faire ceci ou cela… », et ils me répondaient : « Mais, voyons… comment ferais-tu ? »

Voyez-vous, ils ne comprenaient pas que, bon, d'accord, je ne savais pas comment y arriver, mais que personne, en fait, ne sait ce qu'il faut faire quand l'envie lui vient de réaliser quelque chose. Ce n'est pas indispensable de savoir quoi faire.

Deux jeunes mécaniciens de vélos de Dayton, en Ohio, nous ont ouvert les portes d'un immense royaume. Ils ont été les premiers à piloter des avions. Le monde entier était persuadé que c'était impossible, que tout ce qui est plus lourd que l'air est infailliblement attiré jusqu'au centre de la Terre, qu'on ne peut tout simplement pas voler. Mais ils voulaient voler, et ils ont réussi.

Que faut-il faire pour s'enrichir ? Être reconnaissant ! Des études menées ici aux États-Unis montrent que les personnes qui manifestent de la gratitude ont un revenu plus élevé et ont des idées plus novatrices. Par conséquent, la première chose à faire pour s'enrichir, c'est de manifester sa gratitude. Identifiez ce que votre vie actuelle a de bon et vous aurez fait un premier pas vers la richesse.

Mon MétaSecret en ce qui a trait à la richesse c'est, au bout du compte, qu'il faut améliorer la qualité de vie de beaucoup de gens ; si vous le faites, une grande partie

de cette richesse vous sera rendue. Ainsi, en vous rendant utile, en procurant aux autres ce qui les aide à embellir leur existence, vous leur apportez de la joie, ils bénéficient de vos services et de vos produits. Faites-le, et prenez de l'essor. Songez toujours à étendre vos services. Si vous procédez ainsi, vous serez riche. C'est couru d'avance.

Je sais que vous avez traversé des périodes difficiles. C'est le cas de beaucoup d'entre nous. À un moment donné, j'avais un demi-million de dollars de dettes, et à cause de cela, toutes sortes d'autres ennuis m'arrivaient. Mais cela m'a permis de découvrir que je n'étais pas du tout fidèle à moi-même. Je me débrouillais toujours pour blâmer les autres, pour justifier ceci ou cela, pour accuser la situation économique, bref, pour dire que les autres, pas moi, étaient responsables de mon malheur.

Mais quand j'ai enfin accepté de me regarder en face, de voir ce que je faisais et comment mon entourage réagissait, j'ai compris que tout dépendait de moi. Quand j'ai commencé à comprendre qui je voulais être et que j'ai admis que je n'étais pas cette personne, j'ai su qu'il fallait que je change.

Si vous voulez vraiment transformer votre situation financière et vivre dans l'abondance, si vous voulez vraiment devenir quelqu'un d'autre, quelqu'un de méritant et capable de réaliser de grandes choses, vous devez vous regarder en face. Qui êtes-vous vraiment ? Quel est votre moi idéal ? Quels facteurs peuvent faire ressortir vos meilleures qualités et qui vous faut-il devenir pour être en mesure d'influencer ces facteurs ?

Ainsi que nous l'avons vu, la richesse a plusieurs visages : on peut avoir une grande richesse spirituelle, jouir d'une excellente santé, posséder des trésors d'amitié, être très heureux, et ainsi de suite. Mais on associe le plus souvent l'idée de richesse à l'argent et aux affaires. Voici quelques exercices qui pourraient vous être utiles dans les questions d'argent et en affaires. Que vous soyez patron ou employé, ils vous aideront à faire l'expérience de la richesse d'une tout autre façon.

On n'estime guère une personne critique, mais il est vrai que critiquer est plus facile que résoudre un problème. Critiquer par plaisir, pour dénigrer quelqu'un, pour se valoriser, par pure méchanceté ou par vengeance, c'est mal. De telles critiques permettent de penser que la personne qui les formule a de sérieux problèmes personnels. Dans ces circonstances, le mieux est de se dire que la personne qui porte de tels jugements ne sait pas canaliser ses émotions et que ses commentaires ne vous concernent pas. Mais la critique constructive est utile. Elle contribue à vous signaler vos erreurs et peut vous remettre dans la bonne voie. Quoi qu'il en soit, voici quelques trucs qui vous aideront à faire face à la critique.

Faire face à la critique

- Prenez du recul et dites-vous que ce sont vos actes que l'on juge, et non pas vous.
- Efforcez-vous de comprendre le point de vue de la personne qui vous critique. Mettez-vous à sa place.
- Sachez distinguer la critique de la violence verbale.
- Ne tolérez pas la violence verbale. L'autre personne a peut-être eu une journée difficile et vous êtes devenu son bouc émissaire. Ou encore, elle n'était pas mal intentionnée, mais elle ne sait pas résoudre un problème de façon constructive. Quoi qu'il en soit, ne vous laissez pas intimider. Excusez-vous, et dites à cette personne que vous reparlerez du problème quand elle se sera calmée et qu'elle vous témoignera du respect.

- Demandez à la personne qui vous critique ce qu'elle aurait voulu que vous fassiez. Si ce qu'elle dit a du sens, tirez-en une leçon et comportez-vous dorénavant en conséquence.
- Ne discutez pas, même si vous êtes certain que la personne qui vous critique a tort. Formulez des regrets. C'est le moyen le plus rapide de désamorcer un conflit. Vous n'êtes pas obligé de regretter une erreur que vous n'avez pas commise, mais vous pouvez regretter qu'on se soit mépris sur vos intentions: « Je suis désolé que tu le prennes comme ça. » Plus tard, quand la situation se sera calmée, vous pourrez faire part de vos intentions à l'autre personne et lui dire que vous regrettez qu'elles n'aient pas eu l'effet désiré. Sachez ceci, qui est une vérité importante: la réaction de l'autre personne dépend de la teneur de votre message.
- Ce n'est pas parce qu'on vous critique que vous avez tort, mais la critique peut vous aider à devenir meilleur.

Comment critiquer et formuler des griefs

Ainsi que nous l'avons déjà vu, critiquer par méchanceté ou pour heurter la sensibilité de quelqu'un ne vous vaudra que des ennuis. Mais si vous voulez vraiment aider quelqu'un d'une manière constructive, voici quelques astuces:

- Ne prenez pas de détours. Dites à l'autre personne ce qu'elle a fait qui vous a déplu. Parlez au « Je »: « J'ai vu que » ou « Je pense que ». Vous assumez ainsi totalement votre opinion. Décrivez ce qui s'est passé. Soyez le plus précis possible. Dites ce que vous avez vu, ce que vous avez entendu, ce que vous avez ressenti et ce que vous n'avez pas aimé.
- Ne supposez pas que vous connaissez les sentiments qu'éprouve cette personne ou ses intentions, car il est presque certain que vous vous tromperez.
- N'assortissez pas votre grief d'une théorie ou d'une explication: vous détourneriez l'attention du sujet.
- Ne qualifiez pas la personne, qualifiez son comportement: si vous jugez que *ce qu'elle a fait* est stupide, dites-le, mais ne dites pas qu'elle *a été stupide* d'agir ainsi.

- Ne lui jetez pas la pierre. Dites-lui plutôt ce que vous auriez préféré qu'elle fasse. Soyez précis. Cette personne acceptera beaucoup mieux vos critiques si vous ne la blâmez pas personnellement et si vous ne l'intimidez pas. Personne ne tient à être mal compris ou à se tromper.

La matérialisation de la richesse

Que ce soit pour matérialiser la richesse ou pour la réalisation de tout autre désir grâce à la loi de l'Attraction, le MétaSecret est le même. Il faut d'abord demander, puis confier cette demande à l'Univers, puis se permettre d'en accepter la matérialisation. Bob Proctor nous a dit qu'il aime formuler ce qu'il veut par écrit chaque jour, au temps présent, comme si cela s'était déjà matérialisé. En ce qui me concerne, je privilégie une variation sur ce thème : je dresse une liste de tout ce que je voudrais réaliser sur le plan matériel. Mais puisque j'affectionne particulièrement la symétrie, je divise ensuite cette liste en deux. Je promets de m'occuper moi-même de la première moitié et je confie l'autre aux lois universelles. Ainsi, je demande, je lâche prise et je m'ouvre à ce qui me sera donné.

L'aspect le plus merveilleux de tout cela est que si l'on est sincère, qu'on y croie ou non ne change rien aux résultats. Comme je parlais de cette technique à une amie sceptique elle décida d'en faire l'essai. Son emploi du temps était extrêmement chargé, elle venait de s'installer dans une autre ville, et quelqu'un avait bosselé la carrosserie de sa voiture dans un terrain de stationnement. Ignorant qui en était responsable, le coût de la réparation étant inférieur à la franchise, elle décida d'y voir plus tard, quand elle aurait un peu plus d'argent et qu'elle pourrait trouver un atelier de débosselage fiable. Elle se dit : « Si c'est vrai que cette loi fonctionne, l'Univers réparera ma voiture. » Puis elle oublia tout et reprit ses activités habituelles. Curieusement, quelques semaines plus tard, elle eut une envie subite de se rendre dans un quartier de la ville qu'elle ne connaissait pas. Sa petite excursion lui parut absurde jusqu'au moment de quitter la zone. Tout à coup, deux hommes à bord d'une camionnette lui firent signe de se ranger. Elle feignit d'abord de ne pas les voir, mais ils insistèrent, en criant. Craignant un problème grave, elle entra dans le terrain de stationnement et baissa la vitre de la portière.

Le conducteur de la camionnette lui annonça qu'il possédait un atelier de débosselage et qu'il pourrait réparer la portière de sa voiture – gratis. Appréhendant un détournement de véhicule, elle refusa poliment. Le conducteur lui dit qu'il avait tous ses outils dans sa camionnette et qu'il pouvait effectuer la réparation là même, dans le terrain de stationnement – qu'elle n'aurait même pas à sortir de sa voiture. Elle accepta, mais elle laissa tourner le moteur et verrouilla les portes. Quelques minutes plus tard, sa voiture était réparée. Elle demanda à l'homme pourquoi elle l'avait aidée. Il haussa les épaules : « Le bouche-à-oreille a toujours bien servi mon entreprise. »

« Oui, mais, pourquoi moi ? Pourquoi m'avez-vous fait signe ? » insista-t-elle.

Il lui fit un clin d'œil et dit : « C'est l'Univers qui me l'a dit. » Puis il démarra.

En rentrant chez elle, mon amie n'en revenait pas de sa chance. Parvenue à mi-chemin, elle se rappela tout à coup qu'elle avait confié la réparation de sa voiture à l'Univers !

Demandez ! Lâchez prise ! Acceptez !

Affirmations pour attirer la richesse (À dire chaque jour)

1. J'attire l'argent.
2. Mes idées, mon énergie et ma passion m'enrichissent et enrichissent mon entourage.
3. Tous mes investissements sont profitables.
4. L'argent que je veux et dont j'ai besoin est toujours disponible.
5. Tout l'argent que je dépense m'est rendu au triple.
6. Mes idées se transforment en une immense fortune qui m'appartient.
7. Plus je donne de mon argent, plus mes ressources financières augmentent.

8. J'attire sans effort tout l'argent qu'il me faut grâce à la force de mes intentions.
9. J'accepte les cadeaux que l'on me fait en sachant que la personne qui me les donne a plus de plaisir à donner que j'en ai à recevoir.
10. Je sais donner et recevoir avec gentillesse.

CHAPITRE 11

Dynamiser sa santé

Les principes de Causalité, de Rythme et de Polarité entrent en jeu quand il est question de santé physique. L'organisme est une symphonie extraordinaire. À tout moment des miracles ont lieu dans chaque cellule du corps. Sa force vitale échappe à notre compréhension. Chaque jour, nos cellules se renouvellent sans cesse et régénèrent nos organes. L'organisme est un système multitâche complexe et merveilleux capable de réparer les cellules en même temps qu'il élimine les toxines ! Je ne peux m'empêcher de me demander si ce processus de croissance et de régénération ne fonctionnerait pas un tout petit peu mieux – comme lorsque des enfants heureux jouent dehors – si nous offrions à cette symphonie un environnement fantastique rempli de bonheur et de radieuse vitalité ?

Il y a quelques années, je fus transporté d'urgence à l'hôpital pour cause de douleurs à la poitrine. Les médecins m'annoncèrent que je faisais un infarctus. On eût dit qu'un boa constrictor enroulé autour de ma poitrine m'étouffait. Après ce qui me parut une éternité, les médecins parvinrent à me stabiliser, puis ils me transférèrent dans une chambre où je fus gardé sous observation. Mais je n'étais pas encore hors de danger. Je devais subir d'autres tests le lendemain matin. Une fois seul, je me dis que cela ne pouvait pas plus mal tomber. Mon entreprise était en difficulté, j'avais des problèmes de couple, j'étais littéralement miné par le stress.

Tout en passant ainsi ma vie en revue, je compris soudain clairement ce que signifiaient le passé, le présent et l'avenir. Les principes universels de Polarité, de Rythme, de Genre et de Causalité avaient tous convergé vers moi sans que je m'en rende compte. C'est une chose que de lire la description du MétaSecret et d'en comprendre intellectuellement le fonctionnement. C'en est une autre que de le mettre chaque jour en pratique en toute conscience – cela demande beaucoup d'efforts ! Or, me dis-je, puisque ces principes convergent tous vers moi en ce moment précis, comment faire appel à eux pour renverser la situation ? Puis-je surmonter ce qui m'arrive et me remettre d'aplomb ?

Assis dans mon lit d'hôpital à une heure du matin, je me suis mentalement hissé dans l'échelle de la santé – je m'imaginais non seulement être en bonne santé, mais aussi éprouver les sensations physiques et les émotions que l'on ressent *quand on est en bonne santé*. Ensuite, je me suis représenté d'autres domaines de ma vie et mon idéal de bien-être. Je me suis rappelé des moments où ce sentiment m'habitait et je me suis efforcé de ranimer en moi la même émotion. Soudain, j'ai senti une présence: quelque chose venu d'en haut est entré en moi et, comme une chute d'eau, m'a rempli, m'a purifié. J'ai eu l'impression que toutes les artères et toutes les veines de mon corps, du cerveau jusqu'aux orteils, étaient assainies. J'ai éprouvé une sensation de fraîcheur et un léger picotement. J'ignore comment, mais je savais que j'étais guéri.

Le lendemain, j'ai subi tous les tests prévus. Les résultats ont montré que j'étais en parfaite santé. Rien ne clochait. Les médecins ne s'expliquaient pas pourquoi les tests ne reflétaient aucunement l'état dans lequel je m'étais trouvé la veille.

Ne perdez pas de vue que, dans les principes hermétiques, il n'est pas toujours indispensable que la cause précède l'effet. La causalité n'a rien de permanent, nous pouvons l'influencer par la pensée parce que c'est le mental qui crée notre réalité. Toute chose a un rythme et un équilibre, si bien qu'on peut en modifier la conclusion si on refuse que celle-ci soit irrévocable. Mais il faut agir avec sérénité et dans un grand calme intérieur. Et il faut avoir la foi. Ne pas douter, même une seule seconde.

Cet épisode m'a éveillé au fait qu'il ne suffit pas de connaître le MétaSecret et ensuite le ranger sur une étagère pour en bénéficier. Il faut que vous et moi le vivions chaque jour.

On pratique la méditation partout dans le monde depuis plus de 5000 ans. Elle apporte un immense sentiment de paix, de sérénité et de lucidité à un très grand nombre de gens. Ses effets positifs sur la santé sont nombreux. Il est prouvé qu'elle abaisse la tension artérielle, qu'elle calme l'anxiété et la dépression et qu'elle diminue le stress. Le dalaï lama a parlé de la méditation lors de l'assemblée annuelle de la Society for Neuroscience (Société américaine des neurosciences). De nombreux scientifiques américains ont étudié différents aspects de la méditation et ses effets sur des lamas et des moines bouddhistes qui méditent plusieurs heures par jour. On croit souvent que la méditation ralentit l'activité cérébrale alors que c'est le contraire qui est vrai. En soumettant des moines à un tomodensitogramme pendant leur méditation, on a constaté une activité accrue du cortex préfrontal gauche – la partie du cerveau qui enregistre les émotions positives. En d'autres termes, nous pouvons entraîner le cerveau à accroître notre bien-être. Le conditionnement mental est aussi important pour la santé que le conditionnement physique, voire plus important encore, puisque nous créons notre univers par la pensée. Voici des conseils fort judicieux de la part de spécialistes du monde entier sur la création par la pensée… le moyen que nous avons tous à notre disposition pour améliorer notre santé.

Le corps est le produit de nombreux changements évolutifs. La vie est apparue grâce à quelque chose d'aussi primitif qu'un micro-organisme ou une cellule issue de la soupe primordiale. Puis, ces créatures minuscules ont évolué en des formes toujours plus complexes. Nous sommes l'admirable aboutissement d'un effort divin. Le canevas originel est une combinaison de différentes vibrations en équilibre les unes avec les autres. Si ce canevas, soumis à certains facteurs, se modifie, nous souffrons de stress et nous finissons par tomber malade.

Le MétaSecret d'une excellente santé consiste à se sentir bien dès maintenant. Il suffit pour ce faire d'avoir des pensées positives. Une saine alimentation. De bonnes heures de sommeil. Il suffit de faire ce que l'on aime. Voilà le MétaSecret d'une excellente santé!

Le MétaSecret de la santé consiste à respecter son corps. À l'écouter. Êtes-vous fatigué? Avez-vous faim? Avez-vous soif? Avez-vous besoin de vous divertir? Améliorez votre santé! Respectez votre corps!

Le MétaSecret de la santé et d'un grand dynamisme, c'est de savoir que l'on fait partie d'un dessein plus vaste et que tous nos gestes contribuent à le réaliser.

Ainsi que vous l'a dit le Dr Masaru Emoto, le corps se compose à 85 pour 100 d'eau, et nos pensées créent dans cette eau une vibration qui y laisse des empreintes. Voilà pourquoi il faut avoir des pensées positives. Il faut pardonner, lâcher prise, encourager les pensées positives, s'attendre à être en bonne santé, ne pas écouter ce qu'on nous dit de faire, ne pas se laisser influencer par les autres.

Je m'expose au soleil depuis toujours et je ne souffre nullement d'un cancer de la peau. Je n'ai pas non plus l'intention de souffrir d'un cancer de la peau, et quand des nouvelles alarmantes circulent à ce sujet, je ne les écoute pas. Je sais qu'y croire m'affecterait négativement.

Je crois fermement que ma vie spirituelle me garde en bonne santé. Mais je ne me contente pas d'y croire. Je travaille aussi à améliorer ma santé sur le plan physiologique. De telles interventions sont pleines de sens. J'ai une alimentation biologique ; je bois une eau saine, non contaminée, que je filtre pour la débarrasser du chlore et d'autres substances toxiques. Je consomme tous les nutriments dont mon organisme a besoin. J'ai trouvé les causes de mes allergies et j'ai éliminé ces agents de mon alimentation ! Je fais régulièrement de l'exercice.

Il faut mettre au point un programme complet de bien-être physique, et l'associer à une détoxication. On ne pratique pas assez la détoxication. L'organisme absorbe chaque jour une grande quantité de toxines présentes dans l'air que nous respirons. Vous n'ignorez pas que les vêtements que nous confions au nettoyage reviennent chargés de produits chimiques et le corps en absorbe une partie quand nous enfilons un complet-veston frais nettoyé. La plupart des marques de rouge à lèvres contiennent 44 substances cancérogènes connues. L'organisme absorbe une énorme quantité de substances nocives. Cela fait partie de la vie.

Je veux que vous compreniez ceci : vous avez un cerveau merveilleux grâce auquel vous pouvez tout faire. N'écoutez jamais quelqu'un qui vous dit le contraire. Regardez-vous, non pas en tant que corps ou en tant que nom. Je ne suis pas Bob Proctor. « Bob » et « Proctor » ne sont que des mots.

Vous n'avez jamais entendu quelqu'un appeler au bureau et dire : « Corps n'ira pas travailler aujourd'hui. Il est malade. » Personne ne dit « main » tout court. C'est « ma main », c'est « mon corps, mon nom ». Quelque chose en vous est extraordinaire. Quelque chose en moi est extraordinaire. C'est la même chose. Nous avons un cerveau extraordinaire. Nous sommes des êtres créateurs, et vous vous en rendrez compte si vous prenez la peine de décider de ce que vous voulez faire.

Je ne vous dis pas de manquer de respect envers vos parents ou vos employeurs. Non. Rien de tel. Je dis simplement que vous devez réfléchir à ce que vous voulez devenir. Vous pouvez réfléchir en privé. Seul avec vous-même. Voilà en quoi consiste le MétaSecret. Notez vos aspirations par écrit. Au présent. Si vous êtes aux études, commencez comme ceci : « Je suis très heureux et très reconnaissant d'avoir d'excellentes notes. » Rédigez votre bulletin de notes, mais ne le montrez à personne. Lisez-le maintes et maintes fois. Quand le moment sera venu de passer vos examens, détendez-vous ! Installez-vous et répétez mentalement : « Je suis tout à fait détendu. Tout à fait détendu. » Parlez à votre corps. Vous n'êtes pas un corps. Vous habitez un corps. Bon, ceci vous paraîtra peut-être un peu absurde parce que personne ne vous l'a encore dit, mais répétez au moins un millier de fois mentalement « Je ne suis pas un corps, je vis dans un corps. Je ne suis pas un corps, je vis dans un corps. Je ne suis pas un corps, je vis dans un corps ». Et ensuite, dites à ce corps de se détendre !

La santé, c'est dans la tête. Tout ce que je sais, c'est que, en cet instant, je n'ai pas de voix, ma vue est très mauvaise, et je suis presque sourd. Mes forces me quittent. Mais je n'ai jamais, de toute ma vie, été aussi exalté et reconnaissant qu'en ce moment.

L'esprit ne peut se réaliser complètement si le corps ne se réalise pas complètement. Pourtant, on empêche tant le corps que l'esprit d'accéder à la grandeur. On peut tous accéder à un niveau de grandeur équivalent à qui on est, ou à ce qu'on est. On peut vivre des relations affectives merveilleuses, on peut être immensément riche. Mais sans équilibre, on ne peut pas avoir les deux.

Il faut respecter son corps. C'est un cliché, je sais, mais il faut respecter son corps. Chaque jour de chaque semaine. Cela veut dire faire quelque chose. L'ennui avec la société dans laquelle nous vivons, en tout cas, en Occident, c'est que les gens ne font pas d'exercice. Quatre-vingt-dix pour cent des gens ne font pas d'exercice. Ils mangent mal. C'est très simple : si vous décomposez ce que vous devez faire en petites étapes, comme la chouette de la fable qui dévore un éléphant, votre vie sera la plus riche, la plus satisfaisante, la plus enrichissante, la plus gratifiante et la plus rédemptrice qui soit, mais veillez à ce qu'elle soit équilibrée !

Je ne peux pas prédire ce qui vous arrivera personnellement. Mais je sais que des centaines de personnes, voire des milliers, se sont rétablies, ont été guéries en imaginant autrement ce qui se passe dans leur corps.

Dans mon livre, Le facteur d'attraction, *il est question d'une personne atteinte de cancer. Elle s'est dit qu'elle pardonnerait à toutes les personnes et à tous les événements qui avaient touché sa vie. Elle a fait cela avec l'aide d'un guide. Ensuite, elle a revu son médecin. Elle a subi une chirurgie pour son cancer, mais il n'y avait plus de cancer. Elle était guérie ! En pardonnant à tout le monde et à elle-même, elle a transformé son corps. Elle est entrée dans un lieu de paix et de guérison et elle a été guérie.*

Cela se résume à la question de savoir ce qu'est la vibration, ce que sont les cristaux d'eau. Je crois que les cristaux ne sont que de l'information, et que l'information est faite de vibrations. La vibration s'inscrit dans les cristaux en traçant des motifs divers. Pourquoi sommes-nous aptes à discerner le beau du laid? Parce que l'Univers nous a conçus de telle sorte que nous partageons tous les mêmes valeurs.

Nous sommes tous faits d'eau!

La maladie ne peut pas perdurer dans une bonne vibration. C'est impossible. Et la maladie ne peut pas se transformer en santé. Mais on peut se débarrasser de la maladie et recréer la santé.

Des millions de cellules de l'organisme se renouvellent chaque seconde. Ce sont nos schémas mentaux qui déterminent la fréquence vibratoire du corps. Le cerveau est une cabine d'aiguillage. On a beaucoup écrit sur les effets de la pensée et de l'attitude sur l'état de santé.

Si vous souffrez d'un mal physique, n'en parlez pas, n'y pensez pas. Consultez un médecin très compétent et conformez-vous à ses directives. Il vous dira quoi faire sur le plan physique. Mais en même temps, visualisez que chaque molécule de votre corps est en harmonie avec le principe de Vibration. Répétez cette affirmation : « Je suis si heureux et si reconnaissant que chaque molécule de mon corps vibre en parfait accord avec les lois divines. Mon corps est en meilleure santé, plus fort et plus dynamique à chaque seconde qui passe. »

Redites-le. Faites-en un mantra. Le mantra contrôle la vibration. Accordez votre vibration aux lois universelles. Formulez une affirmation qui se rapporte à votre santé et redites-la maintes et maintes fois.

Si, pendant que vous lisez ceci, vous êtes malade, vous souffrez d'une affection chronique ou que vous êtes mal en point, il y a deux choses que vous devez faire. D'abord et avant tout, essayez de changer d'attitude. Vous devez croire fermement à votre guérison, vous ne devez pas croire ceux qui vous disent que vous allez mourir, ou que votre maladie est incurable, ou que vous mettrez une éternité à guérir. Un jour que j'avais un rhume, quelqu'un m'a fait faire un petit exercice. Cinq minutes plus tard, je n'étais plus congestionné, je n'avais plus de fièvre et je n'avais mal nulle part.

Nous connaissons tous le pouvoir du mental. Nous savons qu'il faut pardonner et lâcher prise. Beaucoup de recherches ont lieu en ce moment sur les liens entre le ressentiment et le cancer.

Il est de toute première importance de s'accorder à l'Esprit. On s'accorde à l'Esprit par la méditation, en faisant ce que l'on aime, ce qui nous apporte de la joie et nous dynamise, par exemple, chanter, se promener dans la nature, flatter le chat. Quand on entre dans cet état, la guérison a lieu tout naturellement.

Nous possédons tous une aptitude innée à guérir qui est toujours à l'œuvre si on ne lui barre pas le chemin. Par « on », je désigne le petit moi, les convictions, les peurs, les doutes, toutes ces choses-là. Tout le ressentiment accumulé dont vous ne vous êtes pas débarrassé. C'est ça qui vous empêche de guérir ! Vous devez donc faire le travail qui s'impose pour accéder à l'harmonie spirituelle et pour vous dégager de toute négativité.

Je crois que le plus important consiste à admettre que toutes nos limites sont autogènes. Comprendre cela est une vraie libération.

Vous devez planifier votre évasion, fuir votre prison mentale, escalader le mur des impossibilités que vous vous imposez. Il se passe quelque chose de remarquable quand on prend conscience de ce qui nous retient. La plupart du temps, c'est nous. Nous ! La toute-puissance est en nous !

La souffrance émotionnelle est très réelle. C'est de la tristesse, du chagrin. Mais le chagrin vient par vagues. Il vous submerge, puis il s'estompe. Ce peut être dû à *un traumatisme, à un viol, au décès d'un être cher, à un vol à main armée, à une quelconque atteinte à la vie privée. De tels événements causent des blessures profondes.*

Il faut comprendre que nous attirons ces malheurs nous-mêmes. Vous me direz : « Minute. Je ne cours pas après ! » Mais si, vous courez après. En revivant l'événement. Il faut vous dissocier des circonstances, de l'incident. Il faut comprendre que cela fait vraiment partie de votre vie, et vous en dissocier, assumer la situation du mieux possible et ensuite lâcher prise. Sinon, vous traînerez cela comme un boulet et vous le revivrez maintes et maintes fois. »

J'ai dit plus tôt dans ce chapitre que le cerveau est le meilleur instrument que nous ayons pour nous assurer une bonne santé et un bien-être total. La forme physique est très importante, mais la santé mentale joue aussi un rôle majeur. Voilà qui rappelle la rune Ehwaz et la notion d'équilibre.

Observez vos pensées

Choisissez un moment calme de la journée, par exemple quand le besoin d'une pause se fait sentir. Détendez-vous et observez vos pensées sans essayer de les freiner, de les juger ou de les changer. Cet exercice est plus facile à décrire qu'à faire.

Vous croyez qu'il fait appel à la passivité, mais il exige un degré d'attention auquel nous ne sommes pas habitués. Nous sommes plutôt des êtres d'action.

Cet exercice a pour but de vous aider à mieux vous connaître et mieux vous comprendre. Soyez attentif à la direction que prennent vos pensées, à ce qu'elles vous font ressentir et à ce qu'elles vous apprennent sur vous-même. N'oubliez pas que tout ce dont vous avez besoin est *déjà* en vous. Quand vous vous taisez et que vous faites taire votre petit moi – qui passe son temps à vous critiquer – vous apprenez d'importantes leçons.

Dix minutes suffisent pour retirer des bienfaits de cet exercice.

Le monologue intérieur

Prenez le temps d'écouter votre voix intérieure. Comment vous parlez-vous ? Que vous dites-vous quand vous commettez une erreur ou que vous faites un geste répréhensible ?

Dites-vous : « Je suis vraiment stupide », « Dieu que tu es stupide » ou bien « C'était parfaitement stupide » ?

Faites l'essai de chacun de ces énoncés. Quel effet ont-ils sur vous ? Prenez-vous le même ton de voix pour les trois ou votre voix change-t-elle ?

« Je suis vraiment stupide » est plus intime. Vous assumez cette stupidité comme inhérente à votre personne.

« Dieu que tu es stupide » crée une certaine distance, peut-être entre vous et la part stupide de votre personne.

« C'était parfaitement stupide » qualifie l'action posée et non pas vous. C'est la plus juste des trois formules et elle est habituellement plus facile à tolérer que les deux autres.

N'oubliez pas la loi de l'Attraction : qui se ressemble s'assemble. Par conséquent, quand on parle négativement de soi, on attire à soi cette négativité. Pourquoi voudriez-vous délibérément attirer à vous une plus grande négativité ? Essayez plutôt de tirer parti des autres lois universelles. Sachez que le principe de Vibration fait qu'on récolte ce que l'on a semé. Hissez-vous un peu plus haut dans le spectre des émotions en faisant appel au principe de Polarité. N'oubliez pas que tout arrive au moment opportun grâce au principe de Genre.

Gratification immédiate, souffrance future

Nous prenons chaque jour des décisions en mesurant notre satisfaction présente aux conséquences futures. Tant mieux si elles s'équivalent. Dans le cas contraire, il arrive que l'on sursoie à son plaisir.

L'alimentation représente un parfait exemple de « gratification immédiate, souffrance future ». Certaines personnes ont énormément de plaisir à être gourmandes. Elles ne pensent pas au lendemain, elles ne tiennent pas compte de leur état après avoir beaucoup mangé. Ensuite, quand elles ne sont pas bien dans leur peau, il est trop tard pour remédier à la situation.

Voici un petit exercice rapide qui vous évitera de trop manger. Il faut rester dans le moment présent et être extrêmement conscient de ce qui vous entoure. D'abord, ne mangez jamais en faisant autre chose (par exemple, dévorer toute une boîte de biscuits en lisant un livre ou en naviguant sur la Toile). Quand vous mangez, soyez parfaitement attentif à ce que vous faites. Humez les arômes du plat qui est devant vous, goûtez-en et savourez-en chaque bouchée. Manger plus lentement nous procure un sentiment de satiété. Quand on aime ce que l'on mange, on se contente souvent de portions plus petites, car le plaisir éprouvé suffit à nous satisfaire.

Si vous ne parvenez pas à suivre ce conseil ou que mes suggestions ne sont pas suffisantes, efforcez-vous d'être attentif au moment présent tout juste assez longtemps pour visualiser comment vous vous sentirez dix minutes après avoir avalé cette seconde portion de gâteau au chocolat. Comparez autant que possible votre bien-être actuel au malaise que vous ressentirez quand vous serez gonflé et sursaturé, ou pis, quand vous tomberez dans un coma diabétique. Certaines personnes poussent l'exercice encore plus loin et imaginent les coliques douloureuses qui leur déchireront le ventre. D'autres, qui tentent de perdre du poids, se voient en train de grossir au point de ne pouvoir porter leur robe préférée, ou en train de regarder l'aiguille du pèse-personne devenir folle. Cela suffit pour qu'elles ne prennent pas cette deuxième portion de gâteau qui attise leur convoitise!

Affirmations qui favorisent la santé
(À répéter chaque jour)

1. Chaque jour ma santé, ma vitalité s'améliorent et ma réserve d'énergie s'accroît.
2. Mes pensées positives créent le corps que je désire avoir.
3. Je prends rapidement et facilement de bonnes habitudes de vie.
4. Je suis plus belle (beau) de jour en jour.
5. Je suis mince, dynamique, je brûle des calories et je me fais des muscles.
6. La vie divine parcourt toutes les cellules de mon corps, elle me guérit et me dynamise.
7. Je consomme des aliments et des boissons qui chaque jour alcalinisent mon organisme et me donnent de l'énergie.
8. Je guéris et je me régénère complètement chaque jour.
9. Mon organisme brûle sans cesse des calories et me donne beaucoup d'énergie, de santé et de vitalité.
10. Plus je dépense de l'énergie, plus j'en crée.

CHAPITRE 12

Vivre l'amour

Les principes de Genre, de Vibration et de Rythme interviennent dans les relations humaines. L'amour est dynamique. Toute relation est dynamique. Lorsqu'on participe activement à une relation, tout s'anime, la vie est belle. Lorsqu'on se contente d'observer passivement une relation, elle devient statique. On cesse de vivre dans l'instant présent et l'on envisage la relation comme une chose à décoder, à analyser. Lorsqu'on communique avec son conjoint ou sa conjointe, son compagnon ou sa compagne, il se passe quelque chose de merveilleux. La relation est dynamique, animée et vivante, ainsi que l'amour doit être.

Des changements ont lieu sans cesse. Nous changeons. Les êtres humains changent. Vous changez. Je change. Oui, nous changeons tous, mais lorsque nous parvenons à changer ensemble et à aller dans la même direction, d'extraordinaires miracles se produisent. Nos mots, nos émotions, nos pensées s'accordent. Soudain, les problèmes auxquels nous sommes confrontés ne sont plus insolubles, on peut s'y attaquer. Voilà ce qu'est une vraie relation. Voilà ce qu'est la vraie communication entre les êtres. Voilà ce qu'est l'amour.

J'ai dit plus tôt qu'il fallait vivre dans l'instant présent. Adultes, nous oublions souvent ce détail tout simple. Le temps est pour nous une denrée. Nous n'en avons pas assez (« J'ignore quand je vais trouver le temps de préparer le souper. ») ou nous en avons trop (« Je me sens si vieux. »). Mais quelle que soit votre façon de disséquer le temps, d'en effeuiller les ans, les mois, les semaines, les jours et les minutes, au bout du compte il ne reste jamais que l'ici et le maintenant.

Les enfants sont passés maîtres dans l'art de vivre dans l'immédiat. Quand ils s'absorbent dans une activité, ils n'ont souvent aucune conscience du temps qui passe. Une seule chose leur importe en cette minute : affronter un dragon, s'imaginer en funambule… Ils sont si concentrés sur leur rêverie qu'elle en devient réelle. Qui plus est, elle les aide à se débarrasser de leur petit moi pour obéir à leur nature véritable. Ils sont parfaitement heureux dans l'instant présent.

Lorsque nous cédons à l'immédiat, tous nos sens sont en éveil. La prochaine fois que vous visiterez un lieu inconnu, notez ce phénomène. Vous êtes plus attentif à ce qui vous entoure. Vous êtes beaucoup plus dans l'instant présent que d'habitude, car les circonstances l'exigent. C'est la première fois que vous vous trouvez dans ce lieu précis. Vos sens tournent à plein régime et vous devez être plus à l'écoute que d'habitude si vous voulez apprendre quelque chose. Vous notez votre itinéraire pour ne pas vous égarer en rentrant à l'hôtel. Vous portez davantage attention au paysage et aux environs, aux parfums de l'air, aux aliments dans votre assiette, aux gens que vous rencontrez. En vous concentrant sur l'ici et le maintenant, vous palpez la vie. Votre rapport aux êtres et aux choses commence à se raccommoder.

Mais quand vous réintégrez peu à peu votre environnement habituel, votre cerveau se remet à réagir machinalement et votre petit moi reprend le dessus. Quand le petit moi a le dessus, vous vous laissez emberlificoter une fois de plus dans les petits drames quotidiens. Est-ce vraiment important si votre voisine vous a ignorée au supermarché ? Se pourrait-il qu'elle ne vous ait pas vue ? Est-ce une catastrophe si votre mari a mis aux enfants des vêtements mal assortis ? Ce n'est qu'une petite entorse à la mode. Ils n'en mourront pas.

Quand nous nous éloignons du moment et que nous laissons le petit moi avoir le dessus, la magie de la vie et les relations auxquelles nous tenons beaucoup nous filent pourtant entre les doigts. Si vous aviez été dans l'instant au supermarché vous auriez sans doute été heureuse d'apprendre que la voisine sortait tout juste de l'hôpital. Vous seriez peut-être allée la trouver pour lui demander si elle avait besoin d'un coup de main. Après tout, vous êtes voisines depuis longtemps et ce voisinage vous est agréable. Et qu'est-ce que cela peut faire si votre mari a habillé les enfants n'importe comment le jour de la photo de classe à l'école ? Dites-vous qu'il s'efforce d'alléger vos tâches. Et puisque la photo de classe a pour but de capter un moment particulier de la vie des écoliers, de leur fabriquer un souvenir pour plus tard, cette entorse à la mode ne la rendra que plus authentique puisqu'elle montrera vos enfants tels qu'ils sont dans la vraie vie, et non pas tels que vous souhaiteriez vous souvenir d'eux. Et n'êtes-vous pas heureuse d'avoir votre mari à vos côtés quand tant de vos amies se plaignent de n'avoir pas encore trouvé l'âme sœur ?

Dans ces deux cas, c'est votre interprétation des événements qui crée le problème. Vous attendez tel comportement de telle personne, et quand elle s'y refuse, votre petit moi prend le dessus et complique tout. Le problème ne réside pas dans le comportement de cette personne, mais dans votre point de vue. Elle n'a rien fait de mal. Mais vous lui confiez la responsabilité de votre bonheur au lieu de changer la seule chose que vous puissiez changer, c'est-à-dire vous-même.

C'est souvent ce qui arrive dans une relation amoureuse. Au début, nous sommes dans un état de vigilance accrue. Parce que tout est nouveau, nous vivons dans l'immédiat, ardents à connaître le passé de l'être cher, ses opinions, ses préférences, ses aversions, et ainsi de suite. Quand il est près de nous, nous lui accordons toute notre attention. Puis, au fil du temps, nous en venons à nous fusionner à lui. Et quand cette fusion s'est complétée, deux choses se produisent.

D'une part, nous percevons de plus en plus l'être aimé comme un prolongement de nous-mêmes, si bien que nous nous efforçons à notre insu de le dominer. Nous disons parfois des plaisanteries telles que : « Je l'ai bien dressé… », mais c'est le plus souvent une forme de domination. Notre bonheur dépend de ce que l'être aimé se plie à nos volontés.

Ensuite, nous cessons peu à peu de vivre dans le moment avec l'être cher. Nous pensons si bien le connaître que nous ne ressentons plus le besoin d'être attentif à lui. La communication existe encore, mais elle le dispute à beaucoup d'autres facteurs : le téléphone, la télé, le journal, l'ordinateur. Certes, faire plusieurs choses en même temps est parfois nécessaire, mais pour que l'être aimé soit vraiment votre meilleur ami et votre conjoint, vous devez lui consacrer du temps et lui consentir un traitement de faveur.

Le MétaSecret de toutes les formes de relations humaines consiste à vivre dans l'instant présent afin que ces problèmes disparaissent. Quand nous sommes sûrs de nous et que le rapport qui nous lie à l'être aimé est équilibré, nous faisons mutuellement des concessions qui renforcent la relation de couple. Au lieu de vouloir tous les deux dominer la relation pour nous valoriser, nous nous insufflons mutuellement de l'énergie en étant activement présents dans l'instant. Quand nous sommes tout entiers à l'écoute de la personne qui partage notre existence, il se passe de bien belles choses. Nous refaisons judicieusement connaissance. Nous partageons ses joies, nous la connaissons mieux, et nous nous rapprochons d'elle tout naturellement. Ainsi, bien que la vie change sans cesse, nous pouvons changer ensemble, au même rythme.

Les relations sont un des cadeaux que l'Univers nous donne. La première de toutes nos relations, et la plus importante, est celle que l'on a avec soi-même. Quand on s'aime, on peut se guérir. Quand on s'aime, on devient un aimant qui attire les autres, les gens recherchent notre compagnie et on peut créer de nouvelles relations.

Tout est fondé sur l'amour. Tout est fondé sur l'absence de jugements de valeur. Tout est fondé sur l'acceptation. L'Univers est en relation avec vous en ce moment et il souhaite vous offrir encore plus. Êtes-vous prêt à recevoir ce qu'il veut vous donner?

Une relation de couple est une voie à double sens. Il ne s'agit pas seulement de prendre, de recevoir et d'obtenir ce que l'on veut, il s'agit aussi de donner.

J'aime dire que chacun doit prendre l'entière responsabilité d'une relation de couple. Si vous n'assumez que 50 pour cent de cette responsabilité quand les choses ne vont pas, c'est toujours l'autre moitié qui cloche. Si vous prenez l'entière responsabilité de votre relation de couple et que vous vous comportez comme si vous seul lui apportiez quelque chose, quand ça ne va pas exactement comme vous le souhaiteriez, posez-vous la question suivante : « Mmmm… qu'est-ce que je fais de travers ? »

Votre curiosité en la matière est un outil précieux. Quand la réponse vous viendra, elle vous frappera de plein fouet : « Je rentre trop tard à la maison », « Je n'écoute pas », « Je ne fais pas ceci ou cela ». Vous aurez ainsi la possibilité de changer et de faire le nécessaire pour que votre relation vous satisfasse pleinement.

Un ami a écrit un livre intitulé Making Relationships Work. *L'idée est qu'une relation de couple exige des efforts. Soyez prêts à les consentir. Donnez autant que vous recevez. Plus vous donnerez, plus vous recevrez.*

Pour améliorer toutes vos relations avec les autres, commencez par améliorer votre relation avec vous-même. Traitez-vous comme vous traiteriez votre meilleur ami. Quoi que vous fassiez de tordu, aimez-vous. Prenez-en ma parole, c'est ce que je fais chaque jour ! Si vous voulez améliorer vos relations avec les autres, aimez-vous !

Selon moi, croire que l'on ne peut vivre sans l'autre est tragique. La notion voulant que j'aie besoin de quelqu'un d'autre pour me compléter ou pour que ma vie en vaille la peine est d'une très grande tristesse. Il faut vraiment regarder au fond de soi quand on se surprend à dire une chose pareille. Quand cette idée vous vient à l'esprit, arrêtez-vous. Reconnaissez que la vie est faite de toutes sortes de facteurs, et que vous rencontrerez autant de nids de poules que de ponts sur votre route. Parfois la vie vous impose un détour. Quelqu'un a dit un jour que les paysages les plus beaux sont souvent ceux que l'on découvre quand on dévie de l'itinéraire prévu. Avez-vous déjà été contraint de changer le vôtre et compris que la vie n'aurait jamais été la même si vous n'aviez pas fait ce détour inattendu? La prochaine fois que vous affronterez un obstacle, osez regarder ailleurs. Qui sait si quelque chose de plus intéressant ne vous attend pas au tournant?

Le MétaSecret des relations consiste à donner l'amour que vous voudriez recevoir. Le MétaSecret des relations consiste à reconnaître que l'Univers vous aime déjà. Quand vous l'aimez en retour, quand vous donnez de l'amour à quelqu'un d'autre, vous en recevez aussi. L'amour est l'essence même, la nature de toute relation.

Quand vous vous mettez en colère, observez votre colère. Se fâcher est normal. C'est un cadeau qui vous est fait. C'est votre corps qui dit « J'ai besoin d'extérioriser quelque chose ». Durant ce processus, votre relation de couple devient un lieu d'apprentissage au lieu d'être le moyen pour vous d'obtenir satisfaction.

Voyez comment vous pouvez être utile à l'être cher et comment vous pouvez apprendre de lui au lieu de le manipuler pour qu'il comble vos moindres désirs. Faites ce que je vous dis et votre relation de couple sera infiniment plus heureuse.

Un des MétaSecrets des relations humaines consiste à donner. Songeons un moment à l'auteur et à son lecteur. L'auteur donne tout ce qu'il a et le lecteur profite de cette information, de cette sagesse, au moment qui lui convient le mieux. Il n'est pas nécessaire que ce soit dans un lieu déterminé et à une heure précise. Le lecteur prend un livre quand cela lui convient et il le lit, et cette lecture le comble, elle lui fait plaisir et elle enrichit ses connaissances.

Le MétaSecret de votre relation de couple consiste pour vous à développer votre identité de façon à aider l'être aimé à faire ressortir ce qu'il a en lui de meilleur, puis de l'aider à atteindre son plein potentiel afin qu'à son tour il vous aide à faire ressortir ce que vous avez en vous de meilleur.

Une relation de couple n'arrive pas par hasard. Il faut la cultiver. Elle commence en soi.

Tout le monde me demande : « Jay, que puis-je faire pour que ma relation de couple soit plus satisfaisante, plus heureuse, plus enrichissante, plus joyeuse ? » C'est très

simple. Avant tout, il vous faut ralentir, vous intéresser à ce qui se passe autour de vous. Il y a une notion que nous enseignons en stratégie des affaires qui s'applique aussi à la nature humaine, car pour réussir en affaires il faut comprendre la nature humaine. Les autres viennent en premier. Plus vous vous intéresserez à l'autre personne et plus vous serez à son écoute, plus l'expérience de la rencontre lui sera agréable et plus elle vous rendra tout naturellement ce que vous lui apportez. Ça, c'est la première des choses. Ensuite… – regardez-moi, vous voyez bien que je suis un type conservateur – mais cela n'empêche pas qu'il faille raviver en soi la curiosité et l'innocence de l'enfance. Troisièmement, il faut vivre dans l'instant présent. C'est un cliché, on vous l'a répété mille fois, mais vivre dans l'instant présent signifie établir un rapport profond, écouter attentivement ce que dit votre interlocuteur, le regarder, être sensible à sa réaction et à son attitude. Enfin – et c'est le plus facile – prenez plaisir à le faire. Nous sommes si occupés, si stressés, nous sprintons d'une occupation à l'autre, nous voulons faire trop de choses à la fois. La meilleure façon d'avoir des relations satisfaisantes, c'est de s'y engager pleinement, d'y consacrer non seulement du temps mais aussi tout son être, de s'engager à être présent, à communiquer.

Nourrir une relation avec quelqu'un, c'est communiquer, c'est revêtir sa vie d'un caractère sacré en établissant un rapport avec un autre être. Une relation humaine est donc faite de communication et de sacralisation.

Pour attirer à soi une relation de couple heureuse, la clé est de s'aimer soi-même d'abord. Une relation, c'est avant tout de l'amour. Si vous vous aimez, vous attirerez à vous des relations humaines aimantes.

La vie est formidable! L'amour est formidable! Les gens sont formidables! Les relations humaines sont formidables!

Savez-vous qu'un très grand nombre de gens se sentent seuls? Si c'est votre cas, laissez-moi vous confier un secret. Vous vous sentirez toujours seul tant que vous ne vous lierez pas d'amitié avec vous-même. Si vous recherchez de la compagnie à l'extérieur de vous, vous ne cherchez pas au bon endroit. Vous devez entrer en vous-même, et quand vous vous serez bien examiné, vous estimerez la personne que vous êtes. Vous vous aimerez.

Quand vous étiez petit, on vous a sans doute dit de ne pas vous aimer, que c'était une marque de suffisance. Ç'a été mon cas, et celui de la plupart de mes connaissances. Mais s'aimer soi-même n'est en rien une marque de suffisance. C'est une prise de conscience très saine de sa véritable nature. Il n'est pas question ici de vanité, mais bien d'une connaissance approfondie de soi. Vous devez construire une relation solide avec vous-même, sans quoi vous vous sentirez toujours seul.

Charlie « Tremendous » Jones

Quand on parle de l'amour, on parle du mot le plus extraordinaire au monde. Le mot « leadership » est un mot formidable, mais aucun mot ne se compare au mot « amour », car sans amour, on meurt. L'amour renferme la vie et le pardon. L'amour renferme la reconnaissance. L'amour est tout.

L'ennui est qu'il faut que nous sachions par où commencer. Parce qu'il n'y a pas d'amour dans certaines familles, et parce que certains couples mariés ont oublié comment exprimer leur amour. Mais quand on cesse de regarder ailleurs, on en vient à se rendre compte que tout commence en soi. Et quand on reconnaît qu'on est loin d'avoir fini d'apprendre, on découvre le vrai processus de l'amour.

Vous pensez peut-être que vous êtes une créature aimante, mais hélas, la plupart des gens n'aiment que les gens qui leur plaisent. L'amour doit être inconditionnel, ce qui signifie qu'il faut aussi aimer les gens qui nous déplaisent.

Prenez mon cas. Quand j'ai épousé ma femme, elle m'a dit qu'elle m'aimait. Je lui ai dit que je l'aimais. Mais peu après notre mariage, quand je lui ai dit : « je t'aime », elle a répliqué : « Alors pourquoi ne me le montres-tu pas ? » J'ai dit : « Mais, je te le montre ! » Elle a dit : « Tu as une bien curieuse façon de le montrer. » J'ai dit « Je t'aime au point où j'accepterais de mourir pour toi. » Elle a dit : « Essaie plutôt de vivre un peu pour moi. »

J'ai constaté que, si aimant que j'aie pu être, je ne répondais pas à ses attentes. Voilà pourquoi moi, pas vous ni qui que ce soit d'autre, voilà pourquoi moi je suis parti à la recherche de l'amour de Dieu, parce que Dieu m'aime exactement tel que je suis. Il m'a fait tel que je suis. Il me connaît tel que je suis. Il me comprend tel que je suis. J'ai donc dit : « Mon Dieu, pardonne-moi. Je ne connais rien à la religion, mais je veux que tu entres dans ma vie, et que tu m'aides. » J'ai appelé Dieu au secours, à ses conditions. Et voilà que depuis 58 ans j'apprends à être aimé, et puisque je suis aimé, j'aime !

Je ne dis à personne quel chemin prendre pour en arriver là, car chacun a droit à son opinion. Mais je sais ce que cela représente pour moi. L'amour est vrai. On apprend pas à pas. Personne ne nous aime comme on souhaite être aimé, et on n'aime personne comme ils souhaitent être aimés. Mais Dieu nous aime tous comme nous avons besoin d'être aimés. Ainsi, quand nous connaissons Son amour, qui est le véritable amour, nous aimons notre prochain. Mais pas autant que nous le devrions.

Apprendre à aimer est un cheminement. On fait des progrès petit à petit, comme les bébés grandissent petit à petit. L'amour et la générosité sont des choses qui s'apprennent !

Sortir de soi

Parce que l'Univers est mental, nous avons déjà en nous tout ce dont nous avons besoin. Mais il arrive parfois que la meilleure façon de savoir ce qu'il nous faut pour progresser consiste à nous examiner du dehors. C'est paradoxal, j'en conviens, mais je vous propose un exercice qui devrait vous faciliter les choses.

Quand un événement a lieu, il est difficile d'en tirer sur-le-champ une leçon, car nous sommes trop absorbés par ce qui se passe, par nos émotions, voire par le danger réel qui nous menace. Notre attention doit par conséquent être centrée sur l'immédiat. Mais nous pouvons réfléchir plus tard à ce qui s'est passé et y puiser un enseignement.

J'ai appelé « Changement de scénario intérieur » ce processus qui consiste à sortir de soi pour analyser un événement avec détachement et s'en inspirer. Une erreur, une méprise, c'est se « mé-prendre » sur une situation, la prendre pour autre chose que ce qu'elle est. Dans le plus pur esprit hollywoodien, reprenons les choses du début pour créer une meilleure version de notre film.

- Commencez par vous asseoir confortablement et par vous détendre. Vous assisterez à un visionnement privé. C'est un film très intéressant qui enrichira aussi vos connaissances.
- Repensez à une situation qui pourrait vous éclairer. Assurez-vous de l'observer du dehors. En d'autres termes, revoyez-vous en train de vivre ce scénario comme si vous n'en étiez pas l'acteur, mais un simple spectateur, un observateur.
- Regardez-vous incarner ce personnage. Revoyez toute la scène en pensée. Le scénario ne vous affecte pas, car vous ne faites pas partie du film, vous ne faites que le regarder. Si vous commencez à ressentir des émotions troublantes, visualisez-vous en train de sortir de l'écran et de redevenir spectateur. N'oubliez pas, vous regardez un film. Vous ne jouez pas dans le film.
- Une fois que vous aurez visionné le film au complet, posez-vous la question suivante : « Qu'est-ce j'avais l'intention de faire ? »

Plusieurs réponses sont possibles :

1. Vous n'étiez pas certain de ce que vous vouliez faire. Il n'est donc pas étonnant que vous ne l'ayez pas fait.
2. Vous saviez ce que vous vouliez faire, mais vous n'avez pas vraiment réussi à le faire.
3. Ce que vous vouliez faire ne correspondait sans doute pas au scénario. Peut-être pourriez-vous y apporter maintenant les changements qui s'imposent ?

Posez-vous ensuite les questions suivantes :

- Quel conseil vous donneriez-vous en ce moment, avec le recul ?
- Quelle leçon pouvez-vous tirer de cet incident pour que la même situation ne se répète pas ?
- Qu'auriez-vous préféré comme conclusion à cet événement ?
- Votre rôle dans ce scénario a été un échec. Mais s'il a été un succès dans d'autres circonstances, dites pourquoi cela n'a pas marché cette fois-ci. Quel facteur important était absent de ce scénario ?

Le moment est maintenant venu de réaliser le montage de votre film mental. Revoyez-vous en train de vivre cet événement, mais d'une tout autre façon. Voyez comment une approche différente résout la situation d'une manière satisfaisante pour tous.

Effacez votre écran mental.

Visionnez votre film trois fois de suite, et entre chaque visionnement, effacez complètement votre écran mental. Au quatrième visionnement, entrez dans l'image. Revivez la situation, mais en tenant compte de la nouvelle version que vous venez de perfectionner. Est-ce que ça va? Dans le cas contraire, retournez à la version originale pour découvrir ce qu'elle peut encore vous apprendre et quels autres conseils elle peut vous inspirer. Quand vous aurez élaboré de nouvelles idées, entrez encore une fois dans l'image et jouez la toute dernière version du scénario. Vous êtes un grand réalisateur de Hollywood. Vous peaufinez les scènes de votre film.

Refaites cet exercice aussi souvent que nécessaire pour que votre film réponde à vos exigences.

Ce processus vous inspirera de nouveaux moyens à prendre pour éviter de commettre encore les mêmes erreurs. Bien sûr, vous ne pouvez rien changer à la participation des autres à votre film mental, mais ils auront beaucoup de mal à vous donner la réplique comme auparavant si vous jouez votre rôle autrement. Puisque rien d'autre n'a fonctionné, le moindre changement peut beaucoup améliorer les choses!

J'ai fait cet exercice pour observer les conflits que j'ai avec mon fils. La vie est très curieuse: on se surprend à avoir avec ses enfants le même comportement qu'on a tant reproché à nos propres parents. Mes parents insistaient beaucoup pour que je range ma chambre. Évidemment, j'ai exigé la même chose de mon fils.

Mon fils répliquait que c'était son espace à lui et qu'il aimait l'ambiance qui y régnait. (Je me souviens d'avoir tenté de faire valoir le même argument avec mes parents, en vain.) En tant que parents, nous défendons souvent le point de vue opposé à celui que l'on défendait lorsque nous étions enfants.

Un jour, j'ai compris deux choses. D'abord, j'ai vu que je prenais en quelque sorte ma revanche. Pourquoi mon fils aurait-il droit au désordre de sa chambre si je n'avais pas eu ce luxe? Deuxièmement, c'est moi que j'espérais contenter en sachant que sa chambre était bien rangée. Je voulais qu'il développe le sens de l'organisation. Mais je confondais « organisation » et « ordre ». J'ai visionné les films de nos discussions et j'ai compris que je pouvais obtenir satisfaction sans provoquer de conflits. En transformant mon film mental, je me suis « préparé » à mieux réagir quand la situation se présenterait de nouveau.

Cette répétition mentale m'a également été utile à la suite d'une chute pendant une escalade, et relativement à des questions financières et à mes relations amoureuses.

Évitez les malentendus

Quand vous constatez que votre message ne passe pas, n'en concluez pas qu'il n'y a qu'une bonne et une mauvaise façon de voir les choses. Il y a deux points de vue. Ceux-ci diffèrent en fonction de la façon dont chacun imagine et interprète les événements.

Pour éviter les malentendus, il faut maîtriser deux aptitudes importantes:

D'abord, apprendre à mieux se faire comprendre. Votre expérience de l'événement est votre point de départ. Dites, par exemple: « Voici ce que j'ai vu, entendu, ou ressenti… » Soyez bref. Vous n'êtes pas en train de vous justifier ou de blâmer quelqu'un d'autre, vous formulez la description sensorielle de ce que vous avez vécu. Concluez ainsi: « J'ai donc pensé que… parce que… »

Votre interlocuteur saisit alors clairement ce que vous dites, ce qui l'aide à comprendre le raisonnement qui a mené à votre conclusion.

Ensuite, sachez quel est le raisonnement de votre interlocuteur. Les questions suivantes vous y aideront: « Qu'est-ce qui t'amène à penser ou à dire cela? », « Comment en es-tu venu à cette conclusion? »

Cela ne suffira sans doute pas à vous mettre d'accord, mais vous pourrez mieux circonscrire le problème, votre façon de penser et celle de votre interlocuteur.

Exercice pour apprécier ce que l'on a

On se laisse si facilement prendre au drame de la vie qu'on en vient à ne plus voir la beauté qui nous entoure. On doit conduire les enfants à leur partie de foot, ne pas être en retard à une réunion, amener le chien chez le vétérinaire, et on perd patience quand tout ne marche pas comme sur des roulettes. C'est facile d'injurier le type qui nous fait une queue de poisson sur la route, de ronchonner à l'épicerie quand les légumes ne sont pas de la première fraîcheur ou de se lamenter du temps qu'il fait. Nous savons maintenant que, lorsque nous nous laissons prendre au piège de ces petits drames quotidiens, la magie du moment et la beauté de nos relations les plus chères nous filent entre les doigts.

Choisissez un moment de la journée, chaque jour, pour faire la liste de tout ce que vous aimez chez votre mari ou votre femme, votre conjoint ou votre conjointe, votre enfant, ou toute autre personne importante à vos yeux. Vous pouvez certes énumérer leurs qualités physiques ou psychologiques, mais essayez surtout d'identifier leurs aptitudes interactives : « Je suis si reconnaissante à mon mari d'avoir préparé le souper » ; « Je suis si heureux que ma petite amie ait toujours le temps de m'écouter quand j'ai des ennuis – peu importe ce qu'elle a à faire, peu importe qu'elle soit fatiguée, elle est toujours là pour moi » ; « Ça m'a vraiment aidée à commencer ma journée du bon pied quand ma fille s'est levée sans que j'aie eu à le lui dire » ; « Mon meilleur ami me fait toujours rire ».

Chaque semaine, choisissez une personne et, pendant sept jours, réfléchissez à ses qualités. Ce n'est pas grave si vous vous répétez, mais essayez quand même de lui trouver des vertus inédites chaque fois. Cet exercice ne devrait pas vous occuper plus de dix minutes. Son but est de vous amener à centrer votre attention sur les aspects positifs de vos relations avec les autres. La semaine finie, vous aurez resserré vos liens. Rien ne vous empêche de lui faire lire quelques-unes de vos remarques.

Relisez ces listes de temps à autre pour vous rappeler quelles sont les qualités que vous appréciez chez vos proches. Après avoir fait cet exercice une première fois, il serait bon que vous en fassiez un rituel hebdomadaire ou bimensuel, particulièrement en ce qui concerne votre tendre moitié.

AFFIRMATIONS POUR LES RELATIONS AVEC LES AUTRES (À répéter chaque jour)

1. Je remarque tout le bien qui m'entoure.
2. J'encourage les autres à m'aider, car je veux les aider aussi.
3. J'écoute activement ce que me dit mon interlocuteur, sans l'interrompre.
4. Je crée des relations synergiques et positives, empreintes de justice, d'honnêteté et d'équilibre.
5. Mes expressions faciales sont toujours agréables, tant pour moi que pour les autres.
6. Quand je m'adresse aux autres, j'essaie de voir les choses de leur point de vue autant que du mien.
7. J'estime énormément la personne que j'aime et je le lui dis le plus souvent possible.
8. Quand l'être aimé me parle, je lui accorde toute mon attention et je place ses intérêts avant les miens.
9. Je traite l'être aimé comme je voudrais qu'il me traite.
10. Je sais voir le bien et le beau chez les gens que j'aime, et je sais apprécier leurs gestes positifs.

Chapitre 13

Trouver le vrai bonheur

Les principes d'Analogie, de Vibration, de Polarité et de Rythme entrent en jeu quand il est question du bonheur et du sens de la vie. Nous associons trop souvent notre bonheur à ce que les autres peuvent faire pour nous au lieu de l'associer à ce que nous pouvons faire pour nous-mêmes.

Voici un concept qu'on n'apprend pas à l'école. Il s'agit du « assez ». Ce qui suffit à une personne ne suffit pas toujours à quelqu'un d'autre. Nous en voulons plus. Quand nous en voulons plus, nous sommes presque invariablement déçus, car nous n'obtenons pas toujours satisfaction.

Parfois, le vent tourne en notre faveur et parfois, non. Il faut l'accepter. Cela fait partie du rythme et du mouvement de la vie. La vie tout entière regorge de possibilités, et quand nous prenons conscience de ces possibilités, nous savons qu'aucun échec n'est irrémédiable. Les échecs ne sont que des occasions de croissance.

Quand on se trompe, on apprend. L'échec alimente cette merveilleuse fontaine de sagesse que nous sommes. Quelqu'un qui ne connaît jamais l'échec n'apprend jamais rien.

J'ai une amie journaliste à la télévision. Un jour qu'elle enregistrait un topo dans une école élémentaire pour les nouvelles de la soirée, les enfants étaient très excités, et par conséquent très bruyants, ce qui compliquait beaucoup sa tâche. À chaque prise, quelque chose clochait ; elle bafouillait, les cris des enfants l'enterraient, une partie d'un bricolage sur lequel travaillaient les écoliers s'effondra, et ainsi de suite. Exaspérée et à la fois embarrassée de mettre si longtemps à faire ce qu'elle réussissait d'habitude en une seule prise, mon amie demanda qu'on lui accorde une pause et alla présenter des excuses à l'institutrice. L'institutrice éclata de rire en secouant la tête : « Ne vous excusez pas. Vous donnez une importante leçon à mes élèves. Ils doivent comprendre que ce qu'ils voient à la télé ou au cinéma n'arrive pas comme par magie. Ils doivent aussi comprendre que même les adultes se trompent. On veut tant les impressionner qu'on ne prend pas la peine de leur enseigner ce qui compte vraiment ! »

Le bonheur ne vient pas du fait que l'on a toujours raison. Il vient du fait qu'on apprend à faire mieux, à faire plaisir aux autres, à se faire plaisir, à être sincère envers soi-même, et de mille et une autres leçons de la vie.

La première loi universelle nous enseigne que la seule constante de l'Univers est le changement. Par conséquent, trouver ce qui nous rend heureux est un processus d'apprentissage qui fluctue constamment.

Combien d'échecs avez-vous connus ? En ce qui me concerne, ils sont nombreux. Mais j'ai aussi appris avec le temps que mon bonheur ne dépend que de moi. Le rire est partout, et si je veux participer à cette joie qui m'entoure, ce rire doit naître en moi, et non pas en dehors de moi. C'est l'essence même de la bonne humeur, l'essence même de notre être et le MétaSecret qui fait que tout est possible.

Cette leçon est simple et pourtant difficile à concevoir et à intérioriser pour un grand nombre de personnes. L'année dernière, les Américains ont dépensé plus de 10 milliards de dollars en ouvrages de croissance personnelle dans l'espoir de s'améliorer et d'être heureux. Le fondateur de Hay House, l'un des plus grands éditeurs de matériel de croissance personnelle, a une formule pour aider les gens à assimiler la notion de bonheur : « Être heureux, c'est avoir des pensées qui font qu'on se sent bien. »

Nous avons abordé plus tôt la notion de Gratification immédiate/Souffrance future, qui joue un rôle essentiel dans notre bonheur personnel. Lorsque nous regardons vers l'avenir, nous calquons souvent nos émotions futures sur celles du moment présent. Il nous est très difficile de dissocier le moment présent d'un autre, plus ou moins éloigné dans le temps. Pour cette raison, nous avons du mal à croire que nos émotions d'aujourd'hui pourraient ne pas être celles de demain. Les actes que nous posons et les biens que nous achetons reflètent par conséquent très souvent l'immédiat au lieu d'être le résultat d'une réflexion sur le long terme. Voilà pourquoi on nous répète de ne pas faire l'épicerie quand on a faim. Des études montrent que les gens affamés remplissent près de deux fois plus leur panier que les gens repus !

Il importe de savoir que ce qui nous rend heureux sur le coup ne nous rendra pas forcément heureux pour le reste de notre vie. C'est bien de se faire plaisir de temps en temps, mais il ne faut pas croire que cette seule gâterie est l'alpha et l'oméga du bonheur. Imaginez plutôt un bonheur élastique. Reconnaissez qu'il s'agit d'un processus en constante évolution. Soyez souples. Sachez vous adapter.

Curieusement, il a été prouvé que lorsque nous sommes confrontés à des situations auxquelles nous ne pouvons rien, par exemple une amputation ou la mort d'un être cher, qui sont des circonstances irrémédiables, nous composons avec elles et nous cherchons d'autres façons d'être heureux en dépit de tout. Quand nous croyons pouvoir remédier à une situation, nous nous acharnons à essayer de changer les choses, si bien que la frustration et le mécontentement nous gagnent quand nous tentons en vain de recréer le « bonheur » que nous pensons avoir perdu.

Une des plus grandes vertus de la plupart des gens heureux est le ressort psychologique. Les gens qui ont du ressort puisent souvent cette force de récupération dans leurs convictions religieuses ou spirituelles, dans une attitude généralement optimiste, ou dans certains modèles de comportement courageux et positifs. Ils comprennent que les situations les plus difficiles sont souvent des occasions de croissance qui, lorsqu'on les envisage d'un bon œil, peuvent conduire au bonheur.

Les gens les plus heureux sont capables de décolérer et de pardonner. Il n'est pas nécessaire que le pardon soit purement altruiste, et pardonner ne signifie pas que l'on avoue être dans l'erreur. Le pardon n'exige qu'une chose : la sincérité. Le pardon doit venir du cœur. Le pardon nous aide à chasser les points de vue négatifs qui pourraient freiner notre progrès, voire le saboter irrémédiablement. À court terme, la colère nous pousse parfois à l'action, mais si nous ne parvenons pas à nous en débarrasser, elle ne fait qu'attirer à nous encore plus de négativités. Le monde qui nous entoure échappera toujours à notre contrôle, mais les lois universelles nous enseignent que nous pouvons dominer nos réactions.

Quand nous dominons nos réactions, nous nous réapproprions la création de la réalité et de l'Univers où nous voulons vivre et nous faisons en sorte de façonner notre bonheur.

Je dois dissiper ici un malentendu sur la vraie nature du bonheur, c'est-à-dire sur ce qu'il est et ce qu'il n'est pas. Être heureux, plus précisément être en paix avec le monde qui nous entoure, n'a rien à voir avec l'euphorie habituellement associée au bonheur. Cela ne veut pas dire que l'on rit sans s'arrêter, que l'on est en permanence au septième ciel ou que l'on obtient toujours ce que l'on veut quand on le veut. Ainsi que nous l'ont montré les principes d'Analogie et de Polarité, l'Univers équilibre toujours ses forces.

Par conséquent, trouver la paix et le bonheur véritables consiste avant tout à apprécier la vie que l'on a et le monde qui nous entoure. C'est sentir qu'un rapport existe entre les êtres, les choses et nous, et savoir en percevoir la beauté. C'est l'aptitude à regarder autour de soi, à observer le moment présent et à se dire que « tout est parfait ».

Observez votre situation présente et dites-vous : « Je ne meurs pas de faim. Je n'ai ni trop froid ni trop chaud. Je n'ai pas trop sommeil et je n'ai pas les nerfs en boule. Je ne souffre pas. (Même si vous souffrez d'une maladie en phase terminale, vous êtes encore en vie.) Personne ne me harcèle et personne ne m'agresse. » Au moment précis où vous lisez ce livre, vous allez bien. La vie, c'est ça : une suite de moments où l'on « va bien ». Le malheur vient du fait que nous nous tournons vers le passé ou que nous regardons vers l'avenir. Quand ce regard fusionne avec les perceptions du petit moi, nous sommes agités et malheureux.

Il faut aussi comprendre que la valeur de consigne du bonheur est différente pour chacun. Certaines personnes sont plus extraverties et joviales que d'autres. Le bonheur, tout comme la richesse, est subjectif. Mais voici une bonne nouvelle : que vous soyez un extraverti jovial qui sème la joie partout où il passe ou un introverti qui met sa petite touche de bonheur ici et là, peu importe que tout aille mal : avec le temps vous retrouverez inévitablement le même degré de bonheur.

Le vrai MétaSecret du bonheur, c'est qu'il n'y a pas de secret. Il s'agit d'un choix personnel. Identifiez ce qui vous rend le plus heureux. Faites la liste de ces occasions de bonheur et apprenez à les attirer plus souvent à vous. Comme vous le diront maintenant mes chers amis à leur façon toute personnelle, c'est vous qui faites votre propre bonheur.

Voici le paradoxe de l'être humain. Le vrai bonheur n'existe que dans l'instant présent. Si on ressasse le passé, si l'on est obsédé par le futur, même si on a très hâte à un événement qui sera sans doute formidable, on n'éprouve pas le même contentement profond qui nous vient d'être entièrement dans l'instant. Pourtant, il semble que l'être humain soit toujours ailleurs. C'est là une des définitions du malheur humain, de la condition humaine. Nous pensons constamment au passé, à l'avenir, à ce qui est à droite, à ce qui est à gauche, bref, à autre chose. Je crois que le paradoxe du bonheur, c'est qu'il faut nourrir des rêves et des aspirations, certes, mais aussi s'ancrer solidement dans le moment présent et s'y trouver heureux.

par tout ce que vous pouvez faire. Votre petit doigt renferme plus de puissance électrique qu'il ne vous en faut pour éclairer votre domicile pendant toute une année. Votre corps renferme une énergie potentielle d'environ 11 millions de kilowatts/heure. Et vous vous plaignez de manquer d'énergie ? C'est parce que vous êtes malheureux. Revenez-en ! Vivez dans l'instant présent ! Souriez !

Si vous voulez être heureux, revenez dans l'instant présent et faites ce que vous aimez, tout de suite.

Vivez, riez, aimez. Brillez comme l'étoile que vous êtes !

Vous savez, quand vous entendez des gens dire qu'ils ont besoin d'aide pour faire face à toutes leurs inquiétudes, la vérité est qu'ils ont besoin d'aide pour comprendre leur véritable nature. L'inquiétude n'est rien. C'est une excroissance de l'ignorance. L'inquiétude et le doute sont intimement liés. C'est un malaise psychique dont la cause est l'ignorance !

Quoi qu'il vous arrive, quoi qu'il se passe dans votre vie, si cela ne répond pas à vos attentes, sachez qu'il y a une raison à cela. Et cette raison existe pour vous rendre service. Comment recadrer tout cela ? Comment envisager les circonstances autrement, d'une façon qui vous sera utile, qui vous appuiera, qui vous réorientera dans la voie du succès et de l'optimisme ? Être pessimiste ne sert à rien. Se complaire dans le malheur ne sert à rien. Cela ne peut que vous déprimer encore plus. Vous devez changer d'état d'esprit ! Recadrer les circonstances, prendre du recul et rafraîchir votre point de vue, envisager la situation sous l'angle du service qu'elle vous rend. Il n'y a pas de hasard. Il y a une raison pour tout. Tout ce qui arrive a pour but de vous aider.

Le MétaSecret du bonheur consiste à comprendre que la perfection existe même dans ce qui n'est pas parfait. Quand nous acceptons notre environnement tel qu'il est et les gens qui nous entourent tels qu'ils sont, nous pouvons faire une très grande différence !

Sachez que vous êtes en ce moment même au faîte de votre pouvoir. Quand les gens pensent à demain, ils reportent leur pouvoir à demain. Demain n'existe pas. Quand demain arrive, on est maintenant ! C'est le moment présent ! Quand les gens pensent à hier, ils repoussent leur pouvoir dans le passé. Mais hier n'existe pas ! Le passé est révolu ! Quand vous pensez à hier, vous y pensez aujourd'hui, en ce moment même ! Seuls l'ici et le maintenant existent. Il n'y a rien d'autre. Et vous pouvez être heureux maintenant. Quand vous l'êtes, tout se règle, tout est parfait !

Le bonheur ! Qu'est-ce qui vous rend heureux ? C'est différent pour chacun. Ce qui me rend heureux, c'est la recherche. J'adore faire des recherches, écrire, donner des conférences, concevoir des programmes multimédias. Et cela m'amène à faire aussi autre chose que j'aime – voyager ! Je parcours 9000 km chaque semaine ! Je suis allé dans plus de 52 pays. Je prends l'avion tous les deux jours et demi. J'ai fait plus de 16 fois le tour du monde en deux ans. J'adore ça ! Faire de nouvelles rencontres, m'adresser à de nouveaux publics, aider les autres. C'est ça qui me rend heureux. Et vous, qu'est-ce qui vous rend heureux ?

Quand on était enfants, on nous a enseigné que les gens riches ne sont pas heureux. Eh bien, je connais des gens riches qui rient beaucoup et qui sont très heureux. Et, bien sûr, je connais aussi des gens très riches qui sont très malheureux. Earl Nightingale a dit un jour : « Le fait d'être riche ne rend pas automatiquement heureux, mais tout compte fait, je crois qu'il est préférable d'être riche. Comme ça, si vous êtes malheureux, vous le serez dans le confort. »

Il faut se mettre dans la tête que tout l'argent du monde est à notre disposition. Mais nous devons le mériter. Ce qui ne veut pas dire travailler. C'est ici que le Méta-Secret entre en jeu. Il se trouve que travailler est la pire façon de gagner de l'argent. Il faut travailler parce qu'on aime son travail. Les gens devraient faire ce qu'ils aiment. Parce que lorsqu'on parle de travail, on parle de la façon dont on occupe ses journées. Le travail est sans doute assorti d'une mauvaise énergie. Il faudrait plutôt occuper ses journées à faire ce qu'on est certain d'aimer.

Un des meilleurs moyens pour se sortir d'un état dépressif est le contact humain. Entrez en rapport avec un autre être humain. Et puis, il y a le mouvement et aussi le rire. Sortez, amusez-vous et vous verrez que cela vous remontera le moral.

Le MétaSecret de la vie, c'est de se rendre compte que ce n'est pas la destination qui compte, mais le trajet.

La peur de l'échec, c'est faire le bilan de sa vie et se demander : « Si je poursuis mon rêve et ma passion, si je cherche l'amour, mais que j'échoue, qu'est-ce qui va m'arriver ? Est-ce que je pourrai m'aimer quand même ? Est-ce que la vie va continuer ? » Quand on comprend que la réponse est OUI, on n'a plus peur de l'échec. Quand on n'a plus peur de l'échec, on a l'énergie qu'il nous faut pour aller de l'avant et réussir. Mais qu'en est-il de la peur du succès ? Quand on a du succès, on peut faire bouger les choses. Si vous voulez vraiment vivre dans un monde heureux et prospère, concourez au bonheur et à la prospérité du monde où vous vivez : soyez vous-même heureux et prospère !

La plupart des gens qui cherchent le bonheur cherchent en réalité quelqu'un qui les rendra heureux, ou des circonstances qui les rendront heureux. Si je parviens à l'âge de la retraite, si je m'achète cette voiture, si ma femme est gentille avec moi, si mon fils respecte le couvre-feu, je serai heureux. Mais le bonheur, c'est en dedans que ça se passe ! C'est un choix personnel. Quand j'attends de quelqu'un un comportement précis, je lui tends les rênes du pouvoir ! Je dois plutôt apprendre à créer de la joie et

du bonheur en moi-même. Il y a plusieurs façons d'y parvenir. En faisant ce que l'on aime, en reconnaissant nos qualités, en reconnaissant les qualités des autres au lieu de critiquer leurs défauts. Quand je comprends que le bonheur prend forme au-dedans de moi, que je peux être aussi heureux que je le désire et que mon bonheur ne dépend pas des autres, je peux jouir d'une félicité et d'un bonheur pratiquement ininterrompus.

Écoutez, une mission vous attend : trouver le sens de votre vie et le partager avec les autres. Il y a toute une humanité qui souffre, qui peine à survivre, qui vit dans l'épreuve, qui a mal. Vous et moi pouvons contribuer à changer les choses. Commencez tout de suite, peu importe votre vie actuelle, faites-en le bilan, identifiez ce qu'elle a de beau, et si vous traversez une période difficile, faites-en quelque chose de bon que vous irez ensuite offrir au reste du monde. Vous serez une inspiration pour les autres. On imite toujours quelqu'un. C'est comme ça que le monde se transforme. Soyez un modèle de réussite ! Soyez un modèle de changement ! Soyez cette personne qui compte pour les autres : vous donnerez un sens à votre vie et à celle de votre prochain. Tout commence avec vous !

Des choses se passent. La vie se déploie. Mais c'est vous qui choisissez !

Vous avez toujours eu, vous avez encore maintenant, et vous aurez toujours en vous le pouvoir de réussir, d'accomplir quelque chose, d'obtenir n'importe quoi, tout ce que vous voulez – qu'il s'agisse de richesse matérielle, de prospérité, de santé, de bonheur, de relations humaines. Mais rien de cela n'arrivera tant et aussi longtemps que vous ne franchirez pas les étapes suivantes : 1. Établissez des objectifs précis ; 2. Ayez une idée claire des étapes à franchir pour y parvenir ; 3. Élaborez une approche par étapes, une stratégie où chaque étape doit être planifiée et franchie au moment opportun ; 4. Suivez de près votre progrès : faites les pauses nécessaires et portez vraiment attention à votre progrès, ajustez votre tir quand les résultats ne répondent pas à vos attentes et

visez toujours un peu plus haut que ce à quoi vous aspirez ; 5. Pensez d'abord à ce qui bénéficiera aux autres. Ne vous repliez pas sur vous-même. Faites ces cinq choses, et le monde vous appartiendra.

C'est ici chez nous ! Nous n'avons nulle part ailleurs où aller. Nous avons sur Terre tout ce qu'il faut pour célébrer la vie. Chacun de nos gestes vient en aide ou nuit à la planète !

Certaines personnes sont très à l'aise avec ce qu'on appelle l'incertitude. Mais la vérité est que l'incertitude n'existe pas. Il n'y a que la loi. Et la loi décrète que tout arrive comme prévu. Si nous concevons une image mentale de ce que nous voulons et que nous restons fidèles à cette image, nous contrôlons la vibration que nous habitons, qui à son tour contrôle nos actes, qui à leur tour contrôlent ce que nous attirons à nous. L'ennui est que nous délaissons cette image de temps à autre, si bien que quelque chose d'extérieur à nous nous domine et nous égare. Il faut alors remédier à la situation et revenir dans le droit chemin.

Les gens qui n'ont aucune image mentale pour les guider ne savent pas où ils vont ; leur vie est tout ce qu'il y a d'incertain, car ils sont le jouet de ce qui les entoure. Ils sont comme un bouchon de liège en plein océan ou une feuille qui tombe de l'arbre. La vague ou le vent les pousse. Mais quand une personne sait où elle va, il n'y a pas d'incertitude possible ! Il ne peut nous arriver que du bien. Et ce qui arrive matérialise l'image mentale que nous avons conçue. Ainsi, nous nous levons chaque matin en nous demandant quelle partie de cette image mentale se manifestera aujourd'hui, d'où elle viendra, qui nous l'apportera. Chaque jour a quelque chose de merveilleux à nous offrir. Le grand psychologue Alfred Adler a dit : « Je remercie l'idée qui s'est servie de moi. » J'adore ! Trouvez une grande idée, et sachez que vous la verrez se matérialiser aussi certainement que le jour vient après la nuit parce que la loi la gouverne.

Vous savez, on me demande souvent comment arriver à se passionner pour le travail que l'on fait ou le but que l'on vise. Eh bien, je crois que la première chose à faire c'est de donner un sens à sa vie. Pourquoi êtes-vous là ? Pourquoi sortez-vous du lit le matin ? Pourquoi vivez-vous ? Il faut donc d'abord et avant tout décider de ce que l'on est venu faire ici, mais en fait, on ne décide rien, on le découvre ! Je crois sincèrement que nous avons tous été programmés pour accomplir quelque chose. Alors, comment trouver sa raison d'être ? Vous la choisissez, ou plutôt vous découvrez de quoi il s'agit en vous posant la question suivante : « Qu'est-ce que j'aime vraiment faire ? » Manifestement, j'adore ce que je fais. J'adore mon travail ! Bon. Alors vous avez trouvé votre objectif. Vous savez ce que vous voulez faire jusqu'à la fin de vos jours. Ensuite, vous vous donnez un rêve. Moi, je rêve de diffuser dans le monde entier l'information que je vous donne ici. Nous attirons toujours à nous les gens qui veulent partager ce que nous faisons et développer ce que nous faisons. Moi, je rêve de fonder partout dans le monde des entreprises qui œuvrent dans le domaine de la croissance personnelle. Ensuite, vous vous attaquez à un petit morceau de votre rêve. Si vous procédez correctement, vous aimerez ce que vous faites. Quand vous vous réveillerez le matin, vous serez impatient de vous mettre au travail, et votre travail vous redonnera de l'énergie jusqu'au moment d'aller au lit. Toutes vos heures, toute votre journée seront occupées à ce que vous aimez faire. C'est ça, vivre ! Tout le reste, c'est mourir ! Il y a une loi fondamentale qui s'applique à la vie : intègre-toi ou désintègre-toi. Crois ou meurs. Découvrez ce que vous voulez faire et consacrez-y votre vie.

La répétition du succès

Avez-vous déjà remarqué que nous nous attendons presque toujours au pire? Nous imaginons les pires scénarios, nous appréhendons la catastrophe, nous sommes certains de beaucoup décevoir nos amis ou nos proches, et ainsi de suite. Les dictons de catastrophe sont innombrables. La société nous prépare au pire. Mais que se passerait-il si nous changions la donne? Que se passerait-il si, au lieu d'activer le pire en ne pensant qu'à ça et en l'attirant à nous, nous ne pensions qu'au meilleur?

Puisqu'on ne peut prédire l'avenir, n'est-ce pas aussi réaliste d'espérer le meilleur et de se préparer au pire? En réalité, il n'y a qu'une chose que nous puissions faire: réagir du mieux possible aux circonstances présentes.

Se préparer au meilleur, c'est quoi, au juste?

- Arrêtez-vous quand vous vous surprenez à imaginer le pire et effacez ce scénario de votre esprit. Félicitez-vous de vous être arrêté à temps et de vouloir modifier vos schémas mentaux. Remplacez ce scénario-catastrophe par un scénario heureux. Rejouez mentalement cette scène encore et toujours, jusqu'à ce que le scénario-catastrophe ne soit plus qu'un lointain souvenir. Plus vous serez attentif et plus vous vous arrêterez à temps, plus il vous sera facile d'imaginer le meilleur.
- Essayez aussi une approche proactive. Au lieu d'attendre d'être gagné par la peur de la catastrophe, concevez d'avance un scénario heureux. Par exemple, vous améliorez votre performance sportive, vous n'avez pas peur de parler en public, etc. Il est possible d'entamer ce processus en observant une personne que vous admirez, puis en rejouant mentalement la scène en vous mettant à sa place. Visualisez cette scène jusqu'à ce que vous ayez l'impression de maîtriser cette aptitude.

COMPOSER AVEC L'INQUIÉTUDE

Tout le monde s'inquiète de temps en temps. C'est tout à fait normal et humain, mais c'est aussi une habitude infructueuse qui a pour terrible conséquence de tuer immédiatement le bonheur. Vous ne vous sentirez jamais mieux parce que vous vous inquiétez. S'inquiéter n'aide personne. Ça n'empêche rien. Et ça ne règle rien non plus.

Alors, que faire pour ne plus se laisser emporter par l'anxiété? Tout d'abord, tournez-vous vers l'intérieur, identifiez vos pires inquiétudes et dressez-en la liste par écrit. Ensuite, identifiez les moments où vous êtes le plus porté à vous faire du mauvais sang. Est-ce qu'un détail précis déclenche votre anxiété? S'agit-il d'une réaction en chaîne, de pensées négatives qui se suivent, se nourrissent les unes les autres et gonflent jusqu'à former une grosse bulle d'angoisse? Entendez-vous une petite voix – la vôtre ou celle de quelqu'un d'autre? Voyez-vous clairement certaines scènes pour vous laisser aussitôt emporter par votre imagination? Élaborez-vous des scénarios-catastrophe.

Quand vous aurez identifié votre façon de procéder, ce qui vous sert de lien ou de déclencheur, vous pourrez mettre au point une stratégie pour surmonter votre tendance à l'inquiétude.

Demandez-vous dans quelle mesure ce qui vous inquiète est susceptible de se produire. Sur une échelle de un à dix, quel risque y a-t-il que vos peurs se concrétisent? Ce danger est-il si grand que vous soyez justifié de vous y préparer? Dans l'affirmative, qu'est-ce qui se passerait réellement si vos inquiétudes se matérialisaient? Par exemple: vous avez raison de ne pas conduire la voiture tant que les freins n'auront pas été remplacés si vous appréhendez un accident dû à l'usure des freins. Mais vous avez tort de ne pas prendre la voiture parce que vous avez peur de manquer de freins alors que vous savez très bien qu'ils sont en parfait état parce que vous revenez du garage.

Ne planifiez de stratégie que si celle-ci est réellement nécessaire. Faites appel à votre imagination pour trouver le plus de façons possible de remédier à la situation. Par exemple, pour ce qui est de la voiture, vous décidez de prendre les transports en commun en attendant de confier votre véhicule à un mécanicien. Vous réduisez ainsi votre empreinte carbone et il se trouve que vous faites une rencontre intéressante. (N'oubliez pas: vous planifiez le meilleur tout en surmontant votre tendance à l'inquiétude.) Ou bien, vous demandez à votre beau voisin de vous conduire, et il en profite pour vous inviter à dîner. Peut-être aussi que, le jour où vous allez porter la voiture à l'atelier de mécanique, on vous fait une remise de 50 % sur les travaux. Ou bien, quand vous confiez votre voiture au mécanicien, celui-ci vous offre de l'acheter parce qu'il essaie de reconstruire exactement le même modèle pour des raisons sentimentales, et il manque de pièces. Vous vous dites peut-être que vous jouez de malchance, que ce véhicule finira par vous tuer, mais le mécanicien vous rassure – il est en excellent état. Puisque c'est la seule bonne nouvelle de toute la journée, elle apaise vos inquiétudes. Vous le voyez, se préparer au meilleur est une excellente façon de développer une stratégie visant à remédier à une situation.

LA CARTE DES RÊVES

Il est bon de tracer la carte de nos rêves une fois l'an, si possible en début d'année. C'est très simple. Faites la liste de tout ce que vous voudriez attirer à vous ou accomplir durant l'année. Une de mes amies découpe des images dans des magazines, par exemple un plat sain pour améliorer son alimentation, une bicyclette pour faire de l'exercice, un endroit exotique pour voyager et se détendre, des gens qui rient pour passer plus de temps avec sa famille, et ainsi de suite, puis elle en fait un collage qu'elle affiche sur son babillard. Les gens moins doués pour les arts préféreront peut-être noter leurs objectifs par écrit. On peut bien sûr utiliser des photos, ou même se servir de l'ordinateur.

L'important est de consacrer un peu de temps à ce que vous voulez réaliser durant l'année qui vient, puis d'afficher ces objectifs là où vous pourrez les voir chaque jour. Le fait de formuler concrètement ses rêves et de les placer là où ils auront sur soi une influence semi-subiminale a un effet presque miraculeux sur la matérialisation de nos désirs. À la fin de l'année, vous constaterez avec étonnement que plusieurs de vos rêves se seront réalisés. Cette méthode est beaucoup plus simple à appliquer que les résolutions du Nouvel An, et elle est cent fois plus efficace.

Une solution de remplacement à la carte des rêves est l'évaluation du cheminement. Identifiez plusieurs domaines importants de votre vie, par exemple la santé, le travail, la famille, et ainsi de suite, puis identifiez ce qui vous satisfait dans chacun et ce que vous gagneriez à améliorer.

Les Irlandais ont une coutume intéressante qui consiste à mettre un couvert de plus à table, dans l'éventualité d'un hôte inattendu, pour que cet invité surprise se sente le bienvenu. J'aime laisser un espace vide dans chaque catégorie pour l'invité surprise, le but inattendu, celui que je n'avais pas prévu mais qui pourrait beaucoup m'aider dans ma quête de bonheur. Il y a des années où plusieurs se présentent.

Lorsque vous aurez tracé les grandes lignes de vos objectifs, faites des plans plus détaillés. N'oubliez pas de toujours formuler des énoncés affirmatifs. Au lieu d'écrire « Je veux perdre du poids », écrivez « Je veux me sentir mieux et avoir belle apparence ». Au lieu de dire : « Pour atteindre cet objectif, je vais suivre un régime alimentaire et éviter le sucre et les glucides », dites : « Je vais opter pour des aliments sains et savoureux ». Si pour cela vous devez vous inscrire à des cours de cuisine ou découvrir des fruits et des légumes nouveaux chaque fois que vous allez au supermarché, pourquoi pas ? En formulant vos objectifs comme des affirmations devant vous apporter quelque chose, fût-ce une « perte », le but est alléchant et inspirant.

Quand vous aurez défini tous vos objectifs, inscrivez au-dessous de chacun toutes les ressources pouvant vous aider à les réaliser : amis, connaissance, vertus personnelles, et ainsi de suite. Identifiez comment ces personnes et ces choses vous aideront à atteindre vos objectifs.

Enfin, notez tout ce qui ne répond pas encore à vos attentes. Ces insatisfactions seront vos balises tout au long de l'année. De temps à autre, vérifiez si votre insatisfaction augmente ou diminue. À la fin de l'année, vous devriez pouvoir évaluer votre réussite au nombre des problèmes que vous aurez résolus.

Quel que soit l'outil que vous choisirez – carte des rêves ou évaluation du cheminement – prenez le temps de représenter concrètement vos objectifs sous une forme visuelle, écrite ou imprimée. Cette représentation visuelle des objectifs vous aide à concevoir mentalement la façon de les aborder. Ensuite, le subconscient développe des stratégies pour les réaliser, et c'est ainsi qu'ils se matérialisent petit à petit.

Affirmations de bonheur
(À répéter chaque jour)

1. Je crée sans cesse en moi un mouvement de confiance, de certitude et de foi.
2. Je suis heureux parce que je me façonne une vie heureuse.
3. J'apprécie tout ce qui m'entoure et j'accueille tout ce qui m'est offert comme un cadeau qui me permet d'apprendre.
4. Je vois toujours quelque chose de bon chez toute personne et en toutes choses.
5. Je suis sincèrement reconnaissant pour tout ce que j'ai.
6. J'accueille toutes les occasions qui me sont offertes comme des dons de la vie et j'en tire parti avec détermination et courage.
7. Je suis l'artisan de mon propre bonheur. Je peux changer tout ce que je choisis de changer dans ma vie.
8. Mon bien-être augmente à chacun de mes souffles.
9. Tout ce que j'imagine est réalisable.
10. Quand je fais le vide et que je m'ouvre à mon subconscient, la sagesse et le savoir me sont donnés pour mon plus grand bien. Je sais que tout ce qu'il me faut est déjà en moi.

Chapitre 14

Les plus beaux jours de notre vie

On n'était qu'en avril, mais il faisait déjà très chaud et l'air était gluant d'humidité. La voûte forestière de la jungle malaise s'étendait à perte de vue à mes pieds comme un épais tapis émeraude, tandis que je regardais par le hublot du petit Cessna. J'ai si souvent voyagé depuis trente ans que tous les vols que j'ai pris se fondent en un seul dans mon souvenir. Mais celui-ci était différent. Ce n'était pas un quelconque voyage d'affaires.

Un frisson d'expectative me parcourut. L'avion s'inclina vers la droite et Ehwaz bougea au fond de ma poche. En caressant la rune qui m'avait accompagné si longtemps, je repensai à tout ce que j'avais appris depuis le début de mon long parcours.

L'avion entama sa descente. Ce ne serait plus très long. Adossé à mon fauteuil, je songeai à la sagesse ancienne que je transmettais maintenant aux autres.

Le MétaSecret vous apprend que la vie peut être exactement telle que vous la souhaitez. Il vous donne la sagesse de maintenir votre humeur et votre énergie à une fréquence vibratoire supérieure, et il vous aide à découvrir les moyens les plus susceptibles de vous aider dans votre cheminement. Munis de ce savoir, vous savez comment réaliser matériellement ce que vous désirez.

N'oubliez pas ceci : selon le premier principe universel, c'est grâce au pouvoir du mental que nous agissons sur ce qui nous entoure. Parce que l'Univers est mental, nous dominons totalement chaque aspect de notre vie. Nous devons noter nos rêves, car ils nous disent souvent ce qui nous fait défaut. Les rêves nous montrent à enrichir notre existence. Ils sont parfois le fondement même de ce qui nous manque pour concrétiser notre rêve de vie. L'Univers est mental !

Le deuxième principe universel nous aide à comprendre que nous sommes beaucoup plus que des êtres vivants ancrés dans un lieu et dans une époque. Nous sommes des êtres de lumière, venus sur Terre pour y apprendre, sous forme humaine, d'inappréciables leçons. Mais c'est un apprentissage à plusieurs volets, car nous existons à la fois sur les plans physique, mental et spirituel. Pour avoir une vie équilibrée et heureuse, nous devons enrichir ces trois plans. Tel un orchestre parfaitement accordé, ils œuvrent tous trois de concert.

Tout vibre. Le troisième principe nous aide à comprendre que la vibration est essentielle à la vie. Si nous laissons nos vibrations diminuer de fréquence, la maladie ou la dépression s'ensuit, et nous souffrons. L'amour augmente les vibrations. L'amour, c'est apprécier ce qui nous est donné et éprouver un sentiment de gratitude. Quand nous aimons, nous sommes en phase avec l'Univers et toute créature vivante. Notre vibration s'accorde à celle du grand tout. Quand nous transmettons aux générations suivantes l'enseignement que nous avons reçu, nous augmentons la fréquence vibratoire de l'humanité tout entière en renforçant les liens entre les êtres et en favorisant une meilleure compréhension du monde.

Le principe de Polarité nous enseigne que toute chose a son contraire, mais que ces contraires sont différents degrés d'une même réalité, en attente de réconciliation. Comprendre cela nous permet de composer beaucoup mieux avec toutes les personnes et toutes les circonstances de notre vie. Quand nous identifions les deux pôles du spectre, nous atteignons progressivement un objectif précis. Cette technique est particulièrement efficace en ce qui a trait aux émotions. La joie se substitue à la tristesse, l'amour à la haine, le plaisir à la douleur.

Si nécessaire, le principe de Polarité peut neutraliser le principe de Rythme. Quand on prend conscience du mouvement de pendule de la vie, on cesse d'en être l'esclave. Hissez-vous à vos pôles supérieurs. Soyez patient avec vous-même et, si nécessaire, procédez par étapes. Plus vous vous enliserez dans des schémas mentaux ou émotifs négatifs, plus vous attirerez à vous la négativité. Si tout échoue, rassurez-vous : cela aussi viendra à passer. L'Univers est en perpétuelle mutation. Un jour ou l'autre, le mouvement du pendule vous sera plus favorable.

Les Trois Initiés ont décrit ce phénomène comme suit :

Pour détruire une mauvaise période de vibration, mettez en activité le Principe de Polarité et concentrez votre pensée sur le pôle opposé de celui que vous voulez annihiler. Tuez l'indésirable en modifiant sa Polarité.

Le principe de Genre peut vous aider à vaincre le doute de soi et la procrastination. Si les jugements critiques ou la négativité – qui sont des produits de la peur – n'y mettent pas de frein, l'énergie femelle et l'énergie mâle travaillent en harmonie. Une des meilleures façons d'équilibrer son énergie consiste à donner et à recevoir quotidiennement.

Rien n'échappe au principe de Causalité, mais nous pouvons faire appel aux lois universelles supérieures pour surmonter les lois inférieures du quotidien. Quand nous nous servons des lois universelles pour attirer à nous ce que nous désirons par la pensée et l'action positives ; quand nous augmentons notre fréquence vibratoire et que nous prenons conscience de l'équilibre des genres, nous nous hissons à un plan supérieur et nous résistons au courant des petits drames de l'existence.

Par conséquent, quand vous saurez empêcher les schémas mentaux négatifs d'envahir votre esprit et que vous laisserez l'énergie intérieure des lois universelles vous habiter, vous atteindrez un plan de vie supérieur, plus calme et plus sain.

Une partie de ce processus consiste à prendre conscience du moment présent. Quand vous êtes attentif à vous-même, à vos êtres chers et à ce que vous faites, votre vision de la vie est plus nette et plus au point. Tout se met à fonctionner normalement et tout est plus facile.

Si vous parvenez à établir un rapport aussi étroit et aussi aimant avec le monde qui vous entoure, rien ni personne ne pourra vous l'enlever. N'est-ce pas merveilleux que l'amour véritable, l'amour authentique, l'amour qui vient de l'Univers, du grand tout, soit infini ? Vous pouvez en recevoir autant que vous en voulez, il ne s'épuisera jamais. Quelque énergie dont on vous prive, vous saurez toujours la remplacer. Et voici le plus extraordinaire : quand vous saurez créer de l'amour, la loi de l'Attraction entrera en jeu. Plus vous donnerez, plus vous recevrez. Il n'y a qu'une règle à suivre : ne rien bâcler. Il faut toujours être en éveil, toujours faire ce que vous avez à faire. N'oubliez pas : « Puisez de l'abondance dans l'abondance, et l'abondance demeurera. »

Connaître le MétaSecret ne suffit pas. S'approprier le MétaSecret est une manifestation d'orgueil et de stupidité. L'abondance de l'Univers est sans limites ! Quand on ne fait pas appel aux principes universels on se prive de la vie rêvée, de la vie qui nous est destinée, et l'on empêche les autres de nous aider à façonner cette vie.

Je suis descendu de l'avion. Une zone d'atterrissage avait été aménagée, au-delà de laquelle la jungle reprenait ses droits, sauvage et indomptée.

« Par ici, Dr Gill », fit mon jeune guide.

Je l'ai suivi jusqu'à la lisière du précipice et j'ai scruté l'obscurité pour apercevoir la grotte qui avait marqué le début de mon cheminement tant d'années auparavant. J'étais tout entier dans le moment présent quand le vert des lianes s'est intensifié, le murmure de la jungle est devenu musique et le parfum de la terre a chatouillé mes narines. Je me suis laissé tomber sur le sol dans un besoin profond de contact avec ce lieu qui avait transformé ma vie de façon si extraordinaire.

Une sorte de vertige m'a envahi pendant que des séquences de mon passé défilaient devant mes yeux à une vitesse folle. Par une sorte de don de double vue, j'ai vu simultanément plusieurs scènes. Mes joues se sont baignées de larmes : tout se passait comme il se devait. J'avais fait ce que je voulais faire et mon parcours avait dépassé mes rêves les plus fous.

L'être qui m'avait guidé dans l'Éther et ses jardins pendant mon amputation et la mort qui avait suivi avait dit vrai. Le faible aperçu de savoir qu'il m'avait consenti n'était rien à côté de ce que j'avais appris par mon expérience personnelle. Pour que les lois universelles aient une réalité, nous devons nous les approprier et les adapter à nos besoins.

Je suis resté assis en silence très longtemps ce jour-là, reconnaissant de tout ce qui m'entourait et du chemin parcouru. J'étais envoûté, abasourdi de constater que le monde fonctionne parfaitement quand je le lui permets – quand nous le lui permettons.

C'est sans doute une des leçons les plus difficiles à assimiler pour ces humains que nous sommes : quand nous lâchons prise, quand nous laissons les lois universelles faire leur travail, elles fonctionnent ! Nous voulons tant les contrôler que nous nous débattons avec elles, et nous ne croyons plus à ce paradoxe : c'est en lâchant prise que nous avons le pouvoir de réellement façonner la vie que nous sommes censés vivre.

Sans m'en rendre compte, je tripotais ma rune Ehwaz, qui ne me quittait jamais depuis le jour de mon accident, jadis. J'ai souri lorsque je m'en suis aperçu puis je l'ai sortie de sa cachette. Si je ne devais retenir qu'une seule chose du Méta-Secret, c'est qu'il est omniprésent et qu'il suffit de lâcher prise et d'ouvrir son cœur afin de le recevoir.

D'un geste sec, j'ai lancé la rune dans la grotte. C'était un nouveau jour. Un nouveau chapitre de ma vie commençait – un chapitre où je me promettais de m'ouvrir davantage aux lois universelles et à tous les possibles d'un savoir aussi extraordinaire.

J'avais déjà vécu quelque chose de formidable, certes, mais ce jour-là, je me suis promis de vivre dorénavant les plus beaux jours de ma vie. Puissiez-vous commencer dès aujourd'hui à vivre les plus beaux jours de votre vie grâce au Méta-Secret. N'oubliez pas : pendant que vous attendez des autres des « cadeaux » de la vie, il se pourrait bien que ce cadeau, ce soit vous !

La vie est un très court voyage. Faites en sorte qu'il soit beau !

Puisse le MétaSecret
vous permettre de commencer
dès aujourd'hui à vivre
les plus beaux jours de votre vie.

Les maîtres du MétaSecret...

BOB PROCTOR est généralement vu comme l'un des meilleurs conférenciers du monde sur l'art de s'enrichir. Il apprend aux gens à puiser dans leurs aptitudes cachées pour accomplir, réaliser et posséder davantage dans tous les domaines de leur vie. Ses méthodes se fondent sur l'ouvrage de Napoleon Hill, *Réfléchissez et devenez riche*. C'est un maître de l'éloquence ! Depuis plus de 40 ans, Bob Proctor se donne pour mission d'aider les gens à embellir leur vie par l'abondance, des relations humaines plus enrichissantes et l'éveil spirituel. Ce conférencier très respecté, spécialiste de la prospérité, est réputé dans le monde entier pour sa présence inspirante et motivante. Bob Proctor se déplace partout dans le monde pour entraîner des milliers de gens à croire à la magnificence de leur esprit et à s'en servir.

JACK CANFIELD est surtout connu pour sa participation au phénoménal succès de librairie qu'est la série *Bouillon de poulet pour l'âme* qui, en 2007, comprenait plus de 124 titres et qui s'est vendue à plus de 100 millions d'exemplaires. Il est aussi connu pour son travail en tant que conférencier de la motivation, et il apparaît dans le DVD et le livre *Le Secret*. Canfield aide et motive individus, dirigeants et chefs d'entreprise à réaliser leurs objectifs personnels et professionnels. Il a aussi publié plusieurs ouvrages de motivation dont certains parmi les plus populaires sont *La force du focus*, *Le pouvoir d'Aladin* et *Osez gagner*. Son titre le plus récent, *The Success Principles : How to Get From Where You Are to Where You Want to Be*, rassemble sous forme de livre ses conférences et les principes qu'il défend.

JOE VITALE est président de Hypnotic Marketing Inc., un cabinet de consultants en marketing du Texas. Il est le premier écrivain hypnotique au monde, et il a conçu un programme d'études à domicile intitulé *Hypnotic Selling Secrets* dont la vente en ligne lui a rapporté 450 000 $ en trois jours. Surnommé le « Bouddha de l'Internet » pour son mariage entre la spiritualité et le marketing, il a écrit plusieurs grands succès de librairie dont *The Greatest Money Making Secret in History,* ainsi qu'un populaire livre électronique, *Hypnotic Writing*. La version originale d'un autre livre dont il est l'auteur, *Le Facteur d'attraction : 5 étapes faciles pour attirer la richesse ou combler tous vos désirs*, s'est retrouvée deux fois en tête de la liste des best-sellers, surpassant même le dernier Harry Potter. Beaucoup de gens sont devenus millionnaires grâce aux techniques de mise en marché de Joe Vitale !

LE Dr MASARU EMOTO est un scientifique et un chercheur mondialement réputé, principalement connu pour ses découvertes sur le rapport étroit qui relie l'eau à la conscience individuelle et collective. En tant que directeur du I.H.M. General Research Institute, Inc., président de I.H.M., Inc. et principal représentant du HADO Fellowship de I.H.M., il anime des séminaires et des classes dans le monde entier. Dans son premier ouvrage, *Regarde en toi : l'eau miroir de l'âme,* Masaru Emoto documente « la vraie nature de l'eau », dont il a fait la découverte en étudiant les effets de l'énergie vibratoire de l'être humain, des pensées, des mots, des idées et de la musique sur la structure moléculaire de l'eau. Il a également publié *The Hidden Messages in Water*. Ses travaux ont été popularisés grâce au film *What the Bleep Do We Know !?*

JAY ABRAHAM est un maître du marketing et un stratège en croissance d'entreprise mondialement réputé. Au cours des 30 dernières années, il a aidé plus de 10 000 entreprises dans 400 domaines d'industrie à créer plus de 6 milliards de dollars en ventes et en revenus supplémentaires, ce qui lui a valu d'être très chouchouté par les médias. Les stratégies de Jay Abraham peuvent dynamiser une société en perte de vitesse ou une entreprise qui cherche à se redéfinir ou à faire sa marque, et lui ouvrir de nouveaux horizons. Par le biais de ses programmes de mentorat et de formation en consultation (Protege and Consultant Training Programs), il a formé toute une génération de consultants et d'experts-conseils en marketing qui voient en lui leur principal mentor. Près de 2000 portails Internet font état de l'excellence de son travail sur la Toile.

T. HARV EKER est l'auteur des best-sellers intitulés *Les Secrets d'un esprit millionnaire* (jeu de cartes) et *Les Secrets d'un esprit millionnaire : passer maître au jeu intérieur de la richesse*, véritables phénomènes de librairie. Il est également le fondateur et le président de Peak Potential Training, une des entreprises de formation en réussite personnelle les plus performantes en Amérique du Nord. T. Harv Eker a en outre mis au point plusieurs programmes de formation très haut cotés, notamment *The Millionaire Mind Intensive, Life Directions, Wizard Training* et *Train the Trainer*. Il est aussi le producteur et formateur principal du programme de formation mondialement connu : *Enlightened Warrior Training*. Considéré comme l'un des présentateurs les plus stimulants en Amérique du Nord, T. Harv Eker envoûte son public grâce à un style d'enseignement direct où tous les coups sont permis et qui fait aussi appel aux plus récentes technologies d'apprentissage accéléré.

DAN POYNTER est un des auteurs les plus expérimentés, les plus dynamiques et les plus respectés du milieu du livre. Honoré par le prix Benjamin Franklin que décerne la Publishers Marketing Association, Dan Poynter a signé à ce jour plus de 100 ouvrages et rééditions. Ses livres se vendent au rythme de 10 à 20 000 exemplaires par année, chaque année ! Il a écrit *The Self-Publishing Manual* quand un très grand nombre d'éditeurs ont voulu savoir à quoi attribuer son succès. Dan Poynter a également reçu le prix Irwin, décerné par Book Publicists of Southern California à la meilleure campagne de promotion électronique. Ses séminaires ont fait l'objet de reportages à CNN, ses livres ont été commentés dans *The Wall Street Journal*, et son parcours a été décrit dans *U.S. News & World Report*.

ELI DAVIDSON est chef d'entreprise, mentor et conférencière à succès. Elle compte parmi ses clients de nombreux candidats aux Oscars et des récipiendaires du Golden Globe, des notables de Hollywood et une foule d'autres personnes aux États-Unis, au Canada et en Grande-Bretagne. Eli Davidson a en outre conseillé de nombreux chefs de file dans les domaines de la technologie, de l'immobilier, du divertissement et des soins de santé. Nommée Étudiante de l'année et détentrice d'une maîtrise en psychologie d'ordre spirituel, cette femme joviale qui a su relever de nombreux défis pour devenir championne encourage les gens à faire le premier pas qui les aidera à franchir leurs propres écueils. Actrice, elle est montée sur scène en compagnie de Christopher Walken, Kiefer Sutherland et Michael J. Fox. John Madden, gagnant de l'Oscar pour la meilleure réalisation (*Shakespeare in Love*), a écrit un rôle spécialement pour elle dans la pièce *Cinders*, couronnée par le prix Obie.

DAVID RIKLAN est fondateur et président de Self Improvement Online Inc., le plus important service d'information sur la croissance et le développement personnels dans Internet. Son entreprise, fondée en 1998, compte maintenant quatre portails sur l'« auto-amélioration » et les soins de santé naturels. Il publie également neuf bulletins électroniques distribués chaque semaine par courriel à plus de 950 000 abonnés et traitant de sujets tels que l'« auto-amélioration », les soins de santé naturels, la croissance personnelle, les relations, les entreprises à domicile, les aptitudes à la vente et l'amélioration des fonctions cérébrales. Le premier livre de David Rikkan, *Self Improvement: The Top 101 Experts Who Help Us Improve Our Lives*, porté aux nues par des chefs de file de l'industrie, a été qualité d'« encyclopédie de la croissance personnelle ». Ce grand succès a motivé David Rikkan à publier encore d'autres ouvrages pouvant enrichir la vie de ses lecteurs.

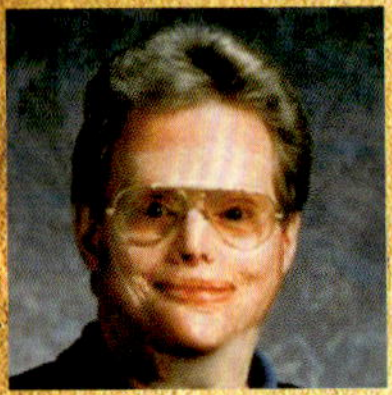

W. MITCHELL est conférencier d'honneur et lauréat de plusieurs prix. Son message chaleureux, sage et rempli de bonne humeur sait inspirer des présidents, des premiers ministres, des chefs d'entreprise et des gestionnaires du monde entier. Il captive ceux qui viennent l'entendre tout en les incitant à relever les inévitables défis que la vie leur lance, à avoir le courage d'assumer la moindre situation et à agir ! La vie de W. Mitchell – maire mondialement reconnu, homme d'affaires prospère qui a donné du travail à des milliers d'individus, candidat du Colorado au Congrès américain, environnementaliste respecté – illustre parfaitement sa pensée, soit que nous créons la plupart de nos limites. Ayant survécu à un écrasement d'avion quatre ans après avoir été gravement brûlé dans un accident de motocyclette, W. Mitchell affirme avec conviction que « ce n'est pas ce qui nous arrive qui compte, c'est ce que nous en faisons ».

ARTHUR CARMAZZI a été désigné par Gurus International comme l'un des 10 maîtres du leadership les plus influents au monde. Ses méthodes font appel à la psychologie en matière de leadership et de transformation de la culture organisationnelle. Conférencier d'honneur et formateur en motivation et en leadership dans les pays d'Asie, Arthur Carmazzi a contribué au progrès de la formation en entreprise grâce à des techniques et des outils novateurs reconnus par certaines des plus importantes sociétés de la planète. Il est aussi l'auteur de plusieurs grands succès, dont *The 6 Dimensions of Top Achievers*, *The Colored Brain Communication Field Manual* et *Identity Intelligence.* Arthur Carmazzi a de plus mis au point les populaires systèmes de profilage HR qui lui ont valu l'accréditation du prestigieux American Institute of Business Psychology.

GREGORY HEART, moniteur et formateur en réussite personnelle de réputation internationale, a été nommé l'un des dix meilleurs formateurs des pays d'Asie. En sa qualité de fondateur de CoachAsia.org, Greg Heart parcourt le monde pour apprendre aux gens à identifier leur mission et leur objectif de vie. Il fait appel aux plus récentes technologies, aux méthodes de formation les plus novatrices et à des procédés d'avant-garde pour que ses clients vivent des transformations immédiates et durables : lucidité, joie, richesse, abondance, relations aimantes et sérénité intérieure. Il s'est donné pour mission de susciter l'éveil chez tous ceux à qui il enseigne, et de contribuer à l'émergence d'un nouvel état de conscience partout sur la planète ! Il est réputé pour son extraordinaire aptitude à stimuler toutes les potentialités d'une personne, de même que pour la grande simplicité qui le conduit en ligne directe au cœur de tous les défis, donnant lieu partout où il passe à des progrès décisifs et à des résultats rapides et garantis !

Suivez les Éditions du Jour sur le Web

Consultez notre site Internet et inscrivez-vous à l'infolettre pour rester informé en tout temps de nos publications et de nos concours en ligne. Et croisez aussi vos auteurs préférés et l'équipe du Jour sur nos blogues !

www.editions-jour.com

Imprimé au Canada